社 政 文 典

U0500426

本书出版得到安徽大学"双一流"建设政治学创新团队建设专项（S030314002/009）、安徽省哲学社会科学规划项目"乡村振兴背景下农地代际性抛荒与耦合治理研究"（AHSKQ2021D198）的资助

项目制市场化运作的效率耗散研究

一项基于县乡实践的分析

李 韬◎著

知识产权出版社

全国百佳图书出版单位

—北 京—

图书在版编目（CIP）数据

项目制市场化运作的效率耗散研究：一项基于县乡实践的分析/李韬著. —北京：知识产权出版社，2025.3. —（社政文典）. —ISBN 978 – 7 – 5130 – 9619 – 5

Ⅰ. F812

中国国家版本馆 CIP 数据核字第 2024HK1202 号

责任编辑：江宜玲 杨 易   责任校对：潘凤越

封面设计：杨杨工作室·张 冀   责任印制：孙婷婷

社政文典

项目制市场化运作的效率耗散研究
一项基于县乡实践的分析

李 韬 著

出版发行：知识产权出版社有限责任公司	网　址：http://www.ipph.cn
社　址：北京市海淀区气象路 50 号院	邮　编：100081
责编电话：010 – 82000860 转 8339	责编邮箱：99650802@qq.com
发行电话：010 – 82000860 转 8101/8102	发行传真：010 – 82000893/82005070/82000270
印　刷：北京建宏印刷有限公司	经　销：新华书店、各大网上书店及相关专业书店
开　本：720mm×1000mm　1/16	印　张：10.25
版　次：2025 年 3 月第 1 版	印　次：2025 年 3 月第 1 次印刷
字　数：173 千字	定　价：68.00 元

ISBN 978 – 7 – 5130 – 9619 – 5

总　序

　　"社政文典"是我们策划的一套书系。每年我们遴选优秀的社会学、政治学研究成果，纳入该套书系出版。

　　2011年5月，安徽大学基于学科建设的战略考虑，将社会学与政治学两个学科的师资力量合并，组建了国内唯一以"社会与政治"命名的学院，促进了社会学和政治学两个学科的交叉融合发展，逐渐在城乡基层社会治理、文化治理、空间—网络研究等方向或领域形成特色和优势。为了进一步彰显"徽派"社会学、政治学的学术影响力，我们策划了这套书系，通过统一装帧、统一设计，出版系列精品力作。我们相信，经过一定的学术积累，终将形成鲜明的"徽派"学术品牌。

　　这套书系的出版，是安徽大学学科建设、学术繁荣的一项重大工程，必将助力安徽大学"双一流"建设，推动中国社会学、政治学"徽派"的发展。

于翡翠湖西岸

前　言

项目制是中央财政体制和国家治理结构变革的产物。1994 年分税制改革之后，随着中央财政能力的迅速增强，地方政府尤其是县乡级政府的财政职能随之转弱，并陷入了治理困境，这时，中央开启了一般性和专项财政转移支付制度，以弥补地方政府尤其是县级政府的财政不足。其中，专项财政转移支付是以项目的方式实施的，并具有一套完整的管理程序：根据国家政策意图设立项目指南—竞争性申报和立项（竞争性配置）—项目落地与实施（竞争性招标与项目资金配套）—监督—验收—绩效评估等。这是在科层制中嵌入市场化机制，并自上而下实行"条线"委托—代理管理，从而形成一种新型国家治理体制，以实现国家政策意图和治理绩效。学界把专项财政转移支付制度所形成的运作程序和体系定义为项目制，并对项目制的产生背景、基本运作结构、国家政策实现功能与治理体制等展开了集中研究，也有一些学者以个案为研究对象，关注了项目制运作过程中的腐败和"精英俘获"等问题，由此形成了较为丰富且有学术价值的研究成果。但是，在项目制的理论研究对话中，仍然存在诸多研究空间，尤其是项目制市场化效率耗散及其内在结构与逻辑，更值得进一步检视和解析。本书试图围绕着这一核心议题做一些探索。

首先，本书基于国家、市场与社会视角提出了项目制效率耗散的"科层制—市场化黏性结构"分析框架，认为项目制的效率耗散是由"科层制—市场化黏性结构"所决定的，并不能像理论假设中所设想的那样，通过把市场化竞争和产权激励约束机制嵌入科层制，就可以产生市场的运作效率。这是因为"科层制—市场化黏性结构"是在科层制中"嵌入"市场机制，所形成的是相互融合的浸润式结构。有的权力渗透到市场体系之中，市场并不独立于科层体系，二者之间没有明晰的边界，项目资源竞争性配置和项目资金配套的产权激励约束不能进入相对独立的市场体系中发挥作用。这区别于新公共管理运动中市场化行政改革的"非黏性"外挂结构,"非黏性"外挂结构就是在科层制外加挂市场机制,形成两个相对独立的平行体系,两者之间有明晰的边界,权力止于市场边界。

其次,在"科层制—市场化黏性结构"中,引入了权力文化网络这一变量,形成"剩余控制权—权力文化网络—制度限度"分析理路,以解析项目制市场化运作是怎样产生效率耗散的。本书认为,在"科层制—市场化黏性结构"中,项目制是通过自上而下的委托—代理制运作的,在委托—代理中,尤其是县级政府和项目主管职能部门,作为代理者在不完全契约中获得了包括项目配置、招标、监督和验收在内的剩余控制权,为权力文化网络的"圈子"形成及其工具化运用提供了物质资源激励。权力文化网络圈子的工具化运用,不仅能够拓展剩余控制权的非制度化运作空间,而且能进一步消解相关制度的约束。不仅如此,包括监督制度在内的相关管理制度,既受制于委托—代理结构下剩余控制权的非制度化影响,又受制于交易成本的约束,所以其效用会产生自限性。这时,委托者与代理者有机会在不完全契约中产生道德风险行为,即权力寻租与共谋。所以,"科层制—市场化黏性结构"中剩余控制权、权力文化网络、制度限度等系统要素的叠加共振成为权力寻租与共谋的道德风险行为的基础,由此不断弱化项目配置与公共项目建设招标的竞争性,以及项目资金配套的产权激励约束,进而导致项目制市场化运作的效率耗散。

最后,提出科层制与市场化融合、项目制效率非耗散性与政治合法性(科层内政治认同感)及科层制内聚力双重悖论。本书认为,科层制与市场化是两套系统,两者之间只能平行加挂,不能相互融合。在法治不够完善、权力文化网络普遍和民主监督不强的条件下,在科层制中嵌入市场机制会导致权力对市场的浸入,市场竞争和产权激励约束会在权力的作用下丧失一些基本功能。所以,在这个角度可说,"科层制—市场化黏性结构"就是一种效率耗散结构。同时,项目制的效率非耗散性虽然能够加强民众的政治认同感(政治合法性),但会减弱科层制内的政治合法性和内聚力,所以项目制效率非耗散性与政治合法性(科层内政治认同感)及科层制内聚力的悖论是由"科层制—市场化黏性结构"的效率耗散衍生而来的。这也意味着,项目制效率改进受制于"科层制—市场化黏性结构"的影响,只能有赖于既有制度的进一步完善而改进。

　　总之，项目制对科层制有辅助功能，是一定发展阶段下的产物，不论其是否成为一种新型的国家治理体制，总有其存在的历史逻辑。本书只是从国家、市场与社会视角，试析项目制效率耗散及其内在逻辑，力求对项目制的研究做些推进工作。

目　录

第一章

导　论

第一节　问题缘起与研究意义

一、问题缘起

近些年来，中央政府通过项目制形式向地方投入大量的资金和资源，而县级政府是项目制的核心管理主体，决定着项目制的整体绩效。国家每年以项目制的方式对农村基层公共服务和农村经济发展投入近万亿巨量资金。比如在中部地区某省的一个山区县，2015 年财政转移支付资金高达 22 亿元，其中专项资金就高达 10 亿元。众所周知，1994 年分税制改革之后，许多地方政府财政捉襟见肘，而各种项目承载了上级政府转移支付资金，对于地方政府来说，获得各类项目将大力刺激当地经济发展，因此地方政府极其重视能否拿到项目。由于项目数量庞大、实施环节众多、社会人情网络关系复杂、县级财政刚性约束、管理机制不完善等因素的存在，在基层项目制实施中，出现了一些骗取套取项目资金、项目资金落地率低、项目产出效率低（高投入低产出）、社会强势"精英""垄断"项目和项目用途异化等问题，在一定程度上偏离了国家实施项目制的政策意图和效率目标。因此，加强对县级政府项目制管理绩效的研究势在必行，也逐渐成为学界的关注点。

笔者在实地调研过程中了解到，有些作为扶贫项目的专项资金，本来应该给予地方贫困民众基本生活保障，但是，种种迹象表明项目资金在自上而下分配使用过程中存在一些问题：①项目资金在下拨环节被截留；②项目发包环节中存在以权谋私，优亲厚友的现象；③申请与支出环节存在虚报冒领项目资金；④项目实际落地情况不佳，存在浪费。这些情况的出现不仅有着制度层面因素，也有着管理层面因素，还有着深层次结构化因素。必须指出的是，项目制并非独立成为一套体系，而是依托于科层制体系才能推动资源的有序流动，这也就决定了人情、面子等因素会渗透在科层制体系中，致使项目制效率耗散。

项目制效率耗散的系统结构是什么？如何形成？其运作逻辑是什么？导致效率耗散的核心要素是什么？这是本书试图分析与挖掘的。

二、选题意义

项目制是在科层制下实行市场化运作的一种管理方式，包含一系列理性程序，已经超出了单独项目本身所具有的事本主义特性，逐步成为一种新的结构形态。[①] 在这种新的结构形态中，中央政府（或上级政府）在诸如农村经济发展和某些公共服务领域的管理上采用项目制对地方政府（省—市—县或基层政府）进行非科层制授权，并加载市场化竞争机制，从而形成一种集权模式下"自下而上"的市场化竞争和"自上而下"分权的新型国家治理结构。[②] 这种新型治理结构既可以强化"自上而下"的"条线"科层制控制能力，又可以通过激活地方政府实现国家意图的积极性，从而强化举国体制和动员型的治理策略。[③] 所以，项目制既能够将国家从自上而下的各层级行政关系和社会各领域组织资源统合起来，又是一种能够使整个国家社会体制联动的运作机制，国家治理正是通过实施项目的系统过程而逐渐确立了积极运转起来的机制。[④] 尽管项目制具有明确的政策表达优势，但由于项目制存在内在的

---

① 渠敬东. 项目制：一种新的国家治理体制 [J]. 中国社会科学，2012 (5)：113–130，207.

② 折晓叶，陈婴婴. 项目制的分级运作机制和治理逻辑：对"项目进村"案例的社会学分析 [J]. 中国社会科学，2011 (4)：126–148，223.

③ 史普原. 科层为体、项目为用：一个中央项目运作的组织探讨 [J]. 社会，2015，35 (5)：25–29.

④ 渠敬东. 项目制：一种新的国家治理体制 [J]. 中国社会科学，2012 (5)：113–130，207.

结构性缺陷和外部文化网络的影响，所以在项目制运作过程中存在权力寻租与共谋的道德风险行为。

在项目制的既有研究中，研究的重点从项目制的基本结构、运作特性和国家治理机制转移到具体项目类型的实证功能研究上，尤其是一些学者也在反思项目制所展现出的一些问题，对项目制作为一种新型国家治理体制产生质疑。一是关注项目制运作中的权力寻租的道德风险行为。折晓叶和陈婴婴以项目进村为例主要分析了项目制的基本运作结构和项目治国的政策表达优势，并认为项目制容易产生权力寻租的道德风险行为，所以项目的分配和使用至少不像上级发包部门原先预想的那样富有效率。① 二是关注项目制运作中的"精英俘获"所导致的项目瞄准、目标偏离等。李祖佩以国家自主性为视角分析了在项目制基层实践中包括一些地方政府部门及其官员、承包商、村干部和村庄"能人"等利用自身的资源优势直接或间接获得更多的项目，由此导致项目偏离本要瞄准的对象。② 三是关注项目资金用途的改变。周飞舟在分析财政资金专项化的结构与功能时指出，虽然项目资金指定了专门用途，但有些基层政府往往会改变原先的预算支出结构，以获得自己在财政运用上的自主性，由此在一定程度上削弱或抵冲上级部门和中央的政策意图。③ 周雪光以"村村通"项目为例，分析了作为项目承包方的有些地方政府在掌握"剩余控制权"（项目的发包权、检查和验收权等）的基础上往往借力打包，将村村通路的项目资金和地方政府的其他项目或者某种政府目标结合起来，由此变通项目用途属性。④

由此可见，无论是权力寻租的道德风险行为造成的项目资金损失和落地率低或者"精英俘获"，还是项目资金用途的改变，都会影响既定目标下投入与产出的预期效率。近年来，由于中央政府不断强化项目资金用途的专项监督和管理，所以项目用途改变问题已经得到了有效治理，并不成为影响项目制效率

---

① 折晓叶，陈婴婴. 项目制的分级运作机制和治理逻辑：对"项目进村"案例的社会学分析 [J]. 中国社会科学，2011（4）：126 – 148，223.

② 李祖佩. 项目制基层实践困境及其解释：国家自主性的视角 [J]. 政治学研究，2015（5）：111 – 122.

③ 周飞舟. 财政资金的专项化及其问题：兼论"项目治国" [J]. 社会，2012，32（1）：1 – 37.

④ 周雪光. 项目制：一个"控制权"理论视角 [J]. 开放时代，2015（2）：82 – 102.

的主要因素。相比较而言，项目制效率损失主要表现为权力寻租的道德风险行为造成的项目资金损失和落地率低，"精英俘获"是项目制市场化效率耗散的集中表现，这是由项目制"科层制—市场化黏性结构"所决定的。换言之，项目制"科层制—市场化黏性结构"就是一种效率耗散结构，所以系统地研究项目制市场化效率耗散及其"科层制—市场化黏性结构"具有明显的理论与现实意义。

（一）理论意义

从当前的研究进程来看，既有研究主要集中在解析项目制的运作结构和国家治理体制上，虽然也关注到了项目制效率问题，但并没有对项目制效率耗散问题展开专门和系统的结构功能分析，所以本书试图基于国家、社会与市场分析视角，建立系统性的分析框架，即：

（1）理论预设上项目制市场化效率激励：竞争性资源配置和项目资金配套的产权激励以及项目落地到市场主体而形成明确的产权约束。

（2）项目制市场化效率耗散的"科层制—市场化黏性结构"：委托—代理下剩余控制权、权力文化网络、制度限度等结构要素叠加和共振，产生一些道德风险行为，弱化项目资源配置的竞争性和项目资金配套的产权约束。

（3）把项目制研究的主线和重点从基本结构和功能研究推向县级政府项目制管理绩效损失研究，不仅可以拓展和推进项目制研究的范围和层次，而且可以回应学界质疑的问题：作为市场化取向的政府治理体制，项目制究竟具有多大的价值和潜力？这也是对项目制学术研究的一个补充。

（二）现实意义

基于项目制技术理性的基本条件，系统分析项目制管理绩效损失的内在结构和影响因素，提出具有操作性的对策措施，有利于破解中央财政专项资金转移支付的低效率问题，防范道德风险行为，提高项目制管理的总体绩效。项目制是一种市场化取向和多元主体参与的政府治理体制，与党的十九大全面深化改革的总目标之———"推进国家治理体系和治理能力现代化"相契合。优化项目制内部运作结构，完善和系统构建县级政府项目制管理制度，提高其运作效率，将有助于进一步推进政府治理体制创新和治理能力现代化。

第二节 研究回顾与述评

学术研究是在秉承前人研究的基础上不断深入和拓展的过程。他们不仅在项目制的问题研究上给予我们资料上的积累，而且在研究角度与理论方法上为我们指明了方向，同时现存不同理论流派以及种种解释模型给我们留下了思考想象与继续研究探索的空间。贺雪峰教授认为基层治理研究可以划分为理论研究、政策研究和政策基础研究三个层次。按此区分，文中关注核心在于项目制运作过程中所导致的腐败以及项目制强调申请，从而忽略其运作、监督反馈问题，应归属的政策基础研究。研究着力点在于不仅为基层治理政策制定提供支持，而且从基层治理中的制度、权力、社会结构三个维度分析项目资源效率的耗散，自上而下地审视国家项目下沉过程中当前基层治理问题，进而从学理上进行反思。

本节研究的文献基本来源于中国知网数据库（CNKI），其是国内重要信息数据检索平台之一。"项目"一词在企业治理和市场管理等领域中广泛存在，而且项目治理相关研究成果汗牛充栋，很难细化区分，同时为了更加准确、有效地检索所需文本，所以研究以"项目制"作为主题词来检索相关研究的成果，最终收集313篇有关"项目制"的核心期刊文献为研究样本。文献的发表时间跨度为2000年至2020年3月，最早的一篇为2001年6月25日，最新的一篇是2020年3月13日。基于此，本节以Citespace软件为分析工具，通过文献计量的方法以期对国内项目制研究现状有直观的展示。

普遍来说，关键词是文献计量分析的重要参考指标①，高频次关键词在一定程度上彰显研究领域的焦点与热度，在Citespace 5.3软件中，将Node Types设定为Keyword，时间切片（time slicing）中的Year Per Slice设定为1，运行程序后展示项目制研究中排名前18位的高频关键词，从表1-1中看出该领域的关键词词频最大值是226，最小值是2，且词频为2的关键词很多。

---

① 刘燕. 农村村民自治研究热点及演变路径 [J]. 华南农业大学学报（社会科学版），2019 (3)：44-52.

突现词（burst terms）分析是以考查词频的方式，将一段时间内频次变化率高的词从数以万计的主题词中检索出来，一般来说采用时间段高频词为突现词，文献计量学指出突现词可反映和呈现该领域前沿发展趋势。笔者将结合表 1-1 项目制研究领域中的高频关键词和表 1-2 中的突现词作为分析依据。通过高频词的热点演化与突现词呈现，我们可以看出在现阶段项目制研究的期刊论文中，项目制所指代的是国家设立的公共项目，以区分于西方企业的项目治理。项目制研究演变过程分为三个明显的阶段：第一阶段，除对项目制基本理论进行研究以外，更为显著的是对于项目治理、项目治理结构进行研究；第二阶段，对于项目进村、政府购买、社会治理等方面有着较多研究，这一阶段研究进一步深化，开始注重项目制在治理实践过程中的内部机制问题；第三阶段，回归项目制中科层理性与关系理性，即对项目制功能展开反思。

表 1-1　我国项目制研究的高频关键词（前 18 位）

关键词	频次	关键词	频次	关键词	频次
项目制	226	社会治理	8	科层理性	2
社会组织	15	政府购买服务	6	关系理性	2
精准扶贫	15	高等教育治理	5	治理结构	2
国家治理	15	政府购买	4	服务型政府	2
项目进村	9	治理	4	公共产品供给	2
科层制	8	运动式治理	3	项目治理	2

注：查询范围是 CNKI 五个目录的 CSSCI 期刊，查询日期是 2020 年 3 月 22 日。

表 1-2　我国项目制研究的突现词

突现词	平均强度	出现阶段
国家治理	3.8028	2015—2016 年

注：查询范围是 CNKI 五个目录的 CSSCI 期刊，查询日期是 2020 年 3 月 22 日。

一、项目制的形成、性质和运作机制研究

1994 年分税制改革是学界对于项目制研究不可逾越的时间节点，随着财

权逐步往上汇集，相反事权下放，中央政府与地方政府之间事权与财权的关系被重新塑造，因此形成特有的央地之间财事划分的阶段。20 世纪 80 年代，"双轨制"改革是渐进性增量改革，通过对存量的保护控制增量扩展速度。但是，由于双轨制的结构性矛盾，存量与增量之间的真空区域容易导致寻租。此后，地方政府通过财政包干制围绕税收分配比例与中央政府进行"讨价还价"，其结果造成中央政府对地方政府财政比例错位，最为重要的是中央政府难以富有成效地汲取社会资源以充实国家能力。[①] 为了改变因财政包干制导致的结构性矛盾，国家开启财政体制及税收改革，1994 年施行分税制财力上收之后，中央政府与地方政府的财税收入比例从 1993 年的 0.35：1 变为 1994 年的 1：0.79，经过近二十年后，在 2011 年这个比例才逐步变为 0.97：1。[②] 分税制改革是项目制形成的一个基础性条件，只有汇集中央政府汲取资源能力，才能通过项目的方式实现财政再次分配。[③] 与此同时，项目资源作为项目制的一个关键性条件，其自上而下的输入激励着基层政府与社会。[④] 改革后，随着中央财政汲取能力不断增强，政府的宏观调控能力也随之提高，而基层政府的财政收入却在逐渐收缩，为了平衡央地之间财政收入，同时实现国家政策意图，中央政府通过项目的形式自上而下输送资源到地方，因此项目制逐步成为财政资金配置的主要途径与机制。渠敬东等总结道：项目制是分税制背景下，国家为了对财政资金进行再分配、实行扩张性的宏观经济政策、提供公共产品与服务和激励项目经济所建构的一种治国体制。这种体制在以前行政体制基础上催生了一种项目权力，这也相应地反映了技术理性的治理理念。[⑤] 其具体表现为中央或者上级政府为了实现国家意志，平衡区域之间差异，在对地方政府财政转移支付过程中以项目形式进行竞争性的授权，在科层制体系中引入市场

---

① 王绍光. 国家治理与基础性国家能力 [J]. 华中科技大学学报（社会科学版），2014，28（3）：8-10.

② 杜春林，张新文. 从制度安排到实际运行：项目制的生存逻辑与两难处境 [J]. 南京农业大学学报（社会科学版），2015，15（1）：82-88，126.

③ 陈硕. 分税制改革、地方财政自主权与公共产品供给 [J]. 经济学（季刊），2010，9（4）：1427-1446.

④ 渠敬东. 项目制：一种新的国家治理体制 [J]. 中国社会科学，2012（5）：113-130，207.

⑤ 渠敬东，周飞舟，应星. 从总体支配到技术治理：基于中国 30 年改革经验的社会学分析 [J]. 中国社会科学，2009（6）：104-127，207.

化竞争策略，来充分调动地方行政积极性。正是因为如此，项目制既是一种政府管理体制，也是一种促进政府管理体制有效运作的机制；同时，它还展现出一种国家治理理念，深刻地影响国家和社会以及个体采取行动策略的选择。[①]因此，项目制联结着从中央到地方各个层级之间的关系，国家治理也围绕着项目制的实施和管理而有序展开，并进一步形塑出一种新的国家治理结构形式。

　　这种新的国家治理结构体现在其运作机理上。中央财政资金专项化是国家财政制度改革的一个重要特征，指政府财政以专项或项目的形式进行支付。[②]专项转移支付占国家转移支付的比例从 1995 年的 16% 上升至 2012 年的 42%[③]，这一规模的逐步扩大，促使财政系统和发改委建立起了一套完善的制度，包含项目申请、批复、实施、考核与审计等。我们可以发现，除政府正常的运转支出外，大多数公共建设和公共服务都在以专项化和项目化的方式进行。[④] 中央政府和各条线部门通过各种名目的专项资金、项目的形式、自上而下的招标，指引地方政府的工作重心。同时，地方政府和条线部门出于获取项目资金和政治晋升等因素的考虑，通过打造亮点工程自下而上竞争，为申请项目奠定基础，践行了"中央治官，地方治民"国家治理原则。[⑤]这种形式的项目开展已然形塑着中央、地方与基层社会三者之间的关系，尤其是触及国家、地方和基层社会三重运作机制和行动逻辑，以及三者之间互动博弈过程等重要性研究。折晓叶和陈婴婴对项目制运作机制做了系统性考察，认为：项目制是在科层制下实行市场化运作的一种分级管理机制；中央发包、地方政府打包和基层农村抓包这三种行为，都有着各自的行动策略，遵从着不同的制度逻辑，从而形成一种集权模式下自下而上的市场化竞争和自上而下分权的新型国家治理体制。[⑥] 这种新型治理体制既可以强化自上而下的"条线"科层制控制能

---

① 渠敬东. 项目制：一种新的国家治理体制 [J]. 中国社会科学, 2012 (5)：113 - 130, 207.

② 周飞舟. 财政资金的专项化及其问题：兼论"项目治国" [J]. 社会, 2012, 32 (1)：1 - 37.

③ 周雪光. 项目制：一个"控制权"理论视角 [J]. 开放时代, 2015 (2)：82 - 102.

④ 渠敬东, 周飞舟, 应星. 从总体支配到技术治理：基于中国 30 年改革经验的社会学分析 [J]. 中国社会科学, 2009 (6)：104 - 127, 207.

⑤ 曹正汉. 中国上下分治的治理体制及其稳定机制 [J]. 社会学研究, 2011, 25 (1)：1 - 140, 243.

⑥ 折晓叶, 陈婴婴. 项目制的分级运作机制和治理逻辑：对"项目进村"案例的社会学分析 [J]. 中国社会科学, 2011 (4)：126 - 148, 223.

力，又可以通过激活地方政府实现国家意图的积极性，从而强化举国体制和动员型的治理策略。①

自此以后，学界从分级运作框架设计方面对项目制的运作机理研究由制度主义视角转向行为主义视角，即从关注制度运作逻辑走向了项目制在基层实践过程中各方主体反应机制。最为显著的变化是，项目制使基础科层体系发生重构，在国家治理资源贫瘠②的条件下，政府内部的政策执行动员从过去的"直线制层级动员"变为如今的"直线职能制多线动员"，即上级职能部门和下级政府职能部门之间通过多条线承接项目，以项目为中心进行行政资源分配的模式。③ 就国家层面看，项目制的实施是力图将市场化竞争与资金配套等激励性机制嵌入科层制中，以帮助中央政府更有力地管辖地方政府，可以说项目制的推行在一定程度上反映了国家战略实践的目的性，因此地方政府必须依照项目指南即项目的设定来申请项目，在形式上加强了中央权威与统御；相反从地方层面上看，我们可以发现，有些地方政府和基层组织并非被动地按照上级政府预先设置的项目意愿执行，会借助已有项目制资源为己所用。冯猛以地方的一个大鹅养殖项目为例研究发现，在申报项目过程中，当地乡政府为获得上级的项目资金，将养殖生产过程中的每一个链条都包装成为独立的项目行为。④ 不仅如此，为有效应对上级政府的政策意图，有些基层政府一般采取"变通"等行为策略以求达到目的。⑤ 同时，一旦地方政府借助"变通"等行为策略来规避中央和上级政府项目设定时存在阻力，政府内部层级或部门之间应运而出的"谈判"或"申述"成为说服上级政府变革治理目标，从而谋求软化风险

① 周飞舟. 财政资金的专项化及其问题：兼论"项目治国"[J]. 社会, 2012, 32（1）：1-37.

② 唐皇凤. 常态社会与运动式治理：中国社会治安治理中的"严打"政策研究 [J]. 开放时代, 2007（3）：115-129.

③ 陈家建. 项目制与基层政府动员：对社会管理项目化运作的社会学考察 [J]. 中国社会科学, 2013（2）：64-79, 205.

④ 冯猛. 后农业税费时代乡镇政府的项目包装行为：以东北特拉河镇为例 [J]. 社会, 2009, 29（4）：59-78, 225.

⑤ 周雪光. 基层政府间的"共谋现象"：一个政府行为的制度逻辑 [J]. 社会学研究, 2008（6）：1-21, 243.

约束的行为。①② 其中，狄金华、陈家建等的实证研究印证其意。狄金华分析研究了有些地方政府为了获取上级项目资金采取的策略性行为。③ 陈家建、张琼文和胡俞分析地方政府给予妇女小额贷款项目初始由于激励不足，之后制定符合地方实际的项目实施方案，如对扶助对象范围修正，倒逼影响上级部门行为，维护地方政府利益。④ 另外，张良谈到项目在地方的具体实施过程中较易催生出中央和有些地方的矛盾和冲突，具体表现为三个方面，即整合逻辑和专项逻辑、服务逻辑和迎检逻辑、地方逻辑和统一逻辑⑤，项目包装以及央地之间的冲突共通点是有策略地实施上级政府的安排，即地方政府在总体要求上谋求实现中央或上级政策的项目意图，但在具体细节上做适时的修改以契合当地实际，从而最大化实现地方政府发展需求。我们从中可以理解地方政府实施各种策略措施来应对政府行政体系的理性化改革。但是项目包装以及央地之间的冲突并没有突破折晓叶和陈婴婴提出的"打包"和"抓包"机制分析框架。

二、项目制实证研究及问题发现阶段

继项目制的形成背景、性质和基本运作结构研究之后，一些学者从不同侧面把项目制宏观上的结构性研究推进到实证研究上，并发现和讨论了项目制在基层实践中呈现出的一些问题。

（一）项目制绩效损失

项目制绩效损失主要是指项目资金落地率低、项目瞄准值低产出以及社会强势"精英""垄断"项目等。对于项目绩效耗散问题，诸多学者在深入田

---

① 吕方. 治理情境分析：风险约束下的地方政府行为：基于武陵市扶贫办"申诉"个案的研究 [J]. 社会学研究，2013, 28 (2)：98–124, 244.

② 周雪光，练宏. 中国政府的治理模式：一个"控制权"理论 [J]. 社会学研究，2012, 27 (5)：69–93, 243.

③ 狄金华. 政策性负担、信息督查与逆向软预算约束：对项目运作中地方政府组织行为的一个解释 [J]. 社会学研究，2015, 30 (6)：49–72, 243.

④ 陈家建，张琼文，胡俞. 项目制与政府间权责关系演变：机制及其影响 [J]. 社会，2015, 35 (5)：1–24.

⑤ 张良. "项目治国"的成效与限度：以国家公共文化服务体系示范区（项目）为分析对象 [J]. 人文杂志，2013 (1)：114–121.

野调查的基础之上提出：制度外激励与技术理性的结合、基层利益捆绑、内生需求和嵌入式供给的冲突、项目制运作过程中的决策机制等因素与其息息相关。① 一些学者将项目制绩效损失原因归纳为基层财政困境。杜春林和张新文指出乡村公共产品供给通过项目形式嵌入，其必然会导致乡村社会的内生需求，这种项目嵌入式供给与基层内生需求共生情况不仅造成了中央投资的困难，还使得基层财政负担加重，进而导致乡村社会的公共产品供给不足。② 尹利民和全文婷以惠民工程为例展示了地方政府项目资金配套性转移支付的方式使得农村集体债务增加，从而将其分担到农户头上③，结果降低了国家向农村输入资源的效率。郭琳琳和段钢进一步佐证了尹利民等的观点，中央政府通过项目引导地方政府配套大量资源完成上级政府的政策目标④，对于财政实力富余、基建设施完备的地方政府更有可能"抓包"到上级项目，而对于财力匮乏、基建设施欠缺的地区，其展现出两种截然相反的态度：一种是尽可能避免参与竞争性项目的获取；另一种是通过大量借贷孤注一掷申请项目，一旦失败则导致集体债务状况存在，最终不仅没有通过项目助力地方建设，反而因债务牵绊地方发展。⑤ 周雪光和程宇对"村村通"工程的研究发现，项目制中政府与村庄互动反而带来基层的财政困难成为项目制运作意外后果。⑥ 另外，有些学者将项目制绩效损失归结为地方利益绑缚带来的项目资金用途扭曲以及项目资金监督缺乏。一些学者通过观察发现，项目制在基层执行过程中表现出地方财政配套的激励措施，在某种程度上可能偏离其原初的"技术理性"本质。刘圣中、曾明和谭笑宇形象地把项目比作"自上而下的钓鱼工程"，认为有些地方政府在掌握"剩余控制权"的基础上往往在实际项目制的运作过程中，

① 姬生翔. "项目制"研究综述：基本逻辑、经验推进与理论反思 [J]. 社会主义研究，2016 (4)：163 - 172.

② 杜春林，张新文. 项目制背景下乡村公共产品的供给嵌入与需求内生：不完全契约理论的分析视角 [J]. 广西民族大学学报（哲学社会科学版），2015，37 (1)：157 - 162.

③ 尹利民，全文婷. 项目进村、集体债务与新时期的农民负担：基于赣北 D 村的个案分析 [J]. 东华理工大学学报（社会科学版），2014，33 (1)：53 - 57.

④ 郭琳琳，段钢. 项目制：一种新的公共治理逻辑 [J]. 学海，2014 (5)：40 - 44.

⑤ 周雪光. "逆向软预算约束"：一个政府行为的组织分析 [J]. 中国社会科学，2005 (2)：132 - 143，207.

⑥ 周雪光，程宇. 通往集体债务之路：政府组织、社会制度与乡村中国的公共产品供给 [J]. 公共行政评论，2012，5 (1)：46 - 77，180.

采取"反钓鱼"方式，即运用项目制"条线"运作机制，使用借力打包、挪换其他项目资金和多头申报等手段，配套上级项目资金。① 刘建平和刘文高通过对我国农村公共产品项目式供给现状与特征的立体性阐述，分析了社会资本参与公共产品项目式供给所产生的宏观、微观效应，由此指出有些农村公共产品的项目式供给在社会资本的作用下运作效率较低，一定程度上违背了国家支农的初衷。② 马良灿在对农村扶贫项目调研中发现，由于一些扶贫项目被迫"变通"其使用性质，保持与地方利益一致，致使这些项目扶贫的效果与扶贫的原初宗旨背道而驰，实际上农村困难群众并没有通过扶贫项目得到真正的好处。③ 李峰认为以项目的形式承载公共产品供给导致与农民需求错位，农民对于需求之外的公共产品颇为抵触，即使项目投入数量与密度增加，其效率必然难以提高。④ 王海娟指出项目制在某种程度上加强了自上而下的决策机制，由此造成对项目资金进行监督的困难以及动员力弱化问题，最后出现项目进村"最后一公里"的困境。⑤ 吴春梅和石绍成指出在一些项目进村过程中，由于县乡政府垄断项目管理权力和外在监督弱化，所以造成项目运作成本居高、投入产出低的结果。⑥ 陈前恒、吕之望和李军培指出，由于项目数量过大和资金分散，造成项目碎片化表现，在这种情况下，资金有些被挪用或截留，村民很难参与项目的执行与监督，所以项目资金的效率由此而损失。⑦ 也有学者将项目制绩效损失归结为项目资源"精英俘获"。吴毅研究指出，税费改革以后，随着村庄非正式组织和国家力量的退出、乡村治理政治性的减弱，"精英"不断拥有俘获资源的能力与空间，有些村庄缺乏组织与力量来制止村庄"精英"

① 刘圣中，曾明，谭笑宇. "钓鱼"与"反钓鱼"：配套性转移支付过程中的博弈 [J]. 新视野，2013 (1)：43 – 48.

② 刘建平，刘文高. 农村公共产品的项目式供给：基于社会资本的视角 [J]. 中国行政管理，2007 (1)：52 – 55.

③ 马良灿. 项目制背景下农村扶贫工作及其限度 [J]. 社会科学战线，2013 (4)：211 – 217.

④ 李锋. 农村公共产品项目制供给的"内卷化"及其矫正 [J]. 农村经济，2016 (6)：8 – 12.

⑤ 王海娟. 项目制与农村公共产品供给"最后一公里"难题 [J]. 华中农业大学学报 (社会科学版)，2015 (4)：62 – 67.

⑥ 吴春梅，石绍成. 民主与效率：冲突抑或协调：基于湘西乾村村庄治理实践的实证分析 [J]. 中国农村观察，2011 (3)：13 – 23.

⑦ 陈前恒，吕之望，李军培. 村庄中的财政专项项目绩效评价：基于中西部地区四个村庄的调查 [J]. 农业经济，2009 (10)：61 – 64.

攫取资源的行为。① 周飞舟同时指出，税费改革之后，来自国家政权的力量对包括村级干部在内的乡镇基层干部进行控制，相反却放开广大农民，此时国家与农民之间存在"中空"状态，这种"中空"恰好成为基层"精英"活动舞台。② 其产生的一个深远影响在于，基层社会"精英"或者说富人阶层正在成为乡村一级组织所依赖的对象，在国家利益下沉过程中，基层社会"精英"首先受益。③ 邢成举和李小云从"精英俘获"角度分析了项目扶贫目标偏离的问题。④

（二）利益博弈下的基层治理矛盾

一些学者在中央与地方财事划分与权责关系研究上认为，上级政府通过对项目资金预算的掌控，在某种程度上强化了中央对地方的管辖与约束。"上级部门掌握大量资金，通过专项项目资金实现自己意志。"⑤ 相反，罗玉伟的研究却发现，项目制各方主体博弈的结果完全是零和状态，其认为项目进村过程中资源单向输入消解了村庄公共性，最终导致乡土社会的"弱社会性"，而"弱社会性"也会消解国家整体统御能力。⑥ 孙良顺和王理平以水库移民后期扶持项目为例分析了委托方—承包方—代理方等项目运作主体的利益博弈过程。⑦ 龚为纲通过研究粮食增产项目指出了三层博弈内含其中，即国家与地方政府之间、地方政府与散户之间、散户与大户之间，博弈结果为粮食生产绩效下降，基层治理体系发生重构。非均衡性是项目制利益博弈的重要特征，也是学者们关注的重点。⑧ 江亚洲研究显示，非均衡利益博弈是"项目进村"引发

① 吴毅. 小镇喧嚣：一个乡镇政治运作的演绎与阐释 [M]. 上海：生活·读书·新知三联书店，2007：9.
② 周飞舟. 从"汲取型"政权到"悬浮型"政权：税费改革对国家与农民关系之影响 [J]. 社会学研究，2006 (3)：1 - 38，243.
③ 邢成举. 精英俘获：扶贫资源分配的乡村叙事 [M]. 北京：社会科学文献出版社，2017：16.
④ 邢成举，李小云. 精英俘获与财政扶贫项目目标偏离的研究 [J]. 中国行政管理，2013 (9)：109 - 113.
⑤ 周飞舟. 财政资金的专项化及其问题：兼论"项目治国" [J]. 社会，2012，32 (1)：1 - 37.
⑥ 罗玉伟. 项目下乡与农村公共品供给 [D]. 北京：中央民族大学，2013.
⑦ 孙良顺，王理平. 项目制下各利益主体博弈及其解释：以水库移民后期扶持项目为分析对象 [J]. 河海大学学报（哲学社会科学版），2015 (6)：55 - 59，99.
⑧ 龚为纲. 项目制与粮食生产的外部性治理 [J]. 开放时代，2015 (2)：103 - 122，5 - 6.

的新一轮村治困境，村级治理能力匮乏致使非均衡利益博弈失去了外在权力的监督以及制度的束缚，同时农业衰弱造成外部资源输入红利不均，而分配强化了非均衡利益博弈的外部激励。① 另有学者从项目治理与服务型政府转型的角度认为，由于政府多元行为逻辑与制度复杂性无法兼容，从而造成项目制同专业逻辑和地方逻辑之间的冲突，影响项目治国效度。② 陈水生通过实证调研公共文化服务项目制运作发现，国家主导逻辑与地方自主逻辑、地方政绩至上逻辑与公民需求导向逻辑之间存在一定的冲突与矛盾，进而导致一些文化惠民工程项目制的执行出现偏差。③

三、项目制功能反思及质疑阶段

把项目制视为一种技术性治理模式，其"纯技术上的优势"④ 必然会对国家治理产生深远的影响。渠敬东等首先开启了对项目制的反思，认为技术性治理模式在某种程度上有利于行政效率的提高，但是程序设计的复杂性会导致高昂的行政成本，同时显露出技术监管的不充分性及寻租活动的工具化与技术化。⑤ 同时，项目制是公共资源再分配的一种技术性管理方式，有些地方政府为了"抓包"上级项目资金，借用项目制这一载体，成立地方性融资平台向社会募集配套资金。如果中央不严控地方债务，一旦地方性债务突破地方政府承受极限，金融资本链条断裂，整个社会领域都会被裹挟进去。⑥ 郑世林研究认为，项目体制是分税制之后中国经济发展取得重大成就的重要保证，但是同时项目制的技术性治理对中国经济治理产生了一些问题，如环境污染、道德风

———————————

① 江亚洲. "项目进村"过程中非均衡利益博弈及其逻辑 [J]. 山东行政学院学报, 2015 (3): 99 – 104.

② 姚金伟, 马大明, 罗猷韬. 项目制、服务型政府与制度复杂性: 一个尝试性分析框架 [J]. 人文杂志, 2016 (4): 29 – 36.

③ 陈水生. 项目制的执行过程与运作逻辑: 对文化惠民工程的政策学考察 [J]. 公共行政评论, 2014 (3): 133 – 156, 179 – 180.

④ 韦伯. 马克斯·韦伯社会学文集 [M]. 阎克文, 译. 北京: 人民出版社, 2010: 9 – 13.

⑤ 渠敬东, 周飞舟, 应星. 从总体支配到技术治理: 基于中国30年改革经验的社会学分析 [J]. 中国社会科学, 2009 (6): 104 – 127, 207.

⑥ 渠敬东. 项目制: 一种新的国家治理体制 [J]. 中国社会科学, 2012 (5): 113 – 130, 207.

险行为等。① 接着黄宗智、龚为纲和高原对项目制的概念提出质疑，指出项目制在一定程度上是理想型的西方理性科层制牵强解释政府在专项资金上采取的手段，学术界的理论设想与实际运作存在背离。② 周雪光把这些质疑归结为忽略了非正式制度（informal institutions）对于正式制度的影响，实际上运作中的非正式制度对于国家治理非常重要，甚至犹有过之。③ 另一些学者的关注点在项目资源管理上，涉及项目立项、申请、审核、监管等多方面。如汪三贵、康晓光对于财政扶贫项目资金使用不佳展开反思，得出比较一致的结论：项目资金横向与纵向管理是我国政府扶贫运作中的薄弱症结，也是影响我国财政项目扶贫绩效的关键点。这种论断得到了一些学者对项目制进行案例研究的支持。④⑤ 李博在研究产业扶贫中的竞争性扶贫项目政策执行逻辑后发现，产业扶贫项目表现出的中央与地方双方利益诉求的差异迫使有些地方通过打造"戴帽子项目"或者"亮点工程"来进行权力寻租。⑥ 当项目制的绩效成为"亮点工程"⑦，在项目资金下沉过程中，有些项目执行的主体都会通过打造"亮点村""示范村"来创造政治业绩，从而为晋升获取政治与经济资本。侯军岐和任燕顺的研究指出，国家规定农村基建设施项目必须达到"规定要求"与附加获取的"期望要求"，而基层现实状况为下级政府在某种程度上比较重视项目本身的监察、验收与交接，从而忽略"期望要求"，所以建议建立适合项目结项整体的、系统的管理体制与组织机构。⑧

---

① 郑世林. 中国政府经济治理的项目体制研究 [J]. 中国软科学, 2016 (2)：23 - 38.

② 黄宗智，龚为纲，高原. "项目制"的运作机制和效果是"合理化"吗？ [J]. 开放时代, 2014 (5)：143 - 159.

③ 周雪光. 从"黄宗羲定律"到帝国的逻辑：中国国家治理逻辑的历史线索 [J]. 开放时代, 2014 (3)：108 - 132.

④ 汪三贵. 扶贫投资效率的提高需要制度创新 [J]. 林业经济, 1997 (4)：21.

⑤ 康晓光. 90 年代我国的贫困与反贫困问题分析 [J]. 战略与管理, 1995 (4)：64.

⑥ 李博. 精准扶贫视角下项目制扶贫的运作逻辑与地方性实践：以 A 县竞争性扶贫项目为例 [J]. 北京社会科学, 2016 (3)：105 - 111.

⑦ 狄金华. 政策性负担、信息督查与逆向软预算约束：对项目运作中地方政府组织的一个解释 [J]. 社会学研究, 2015 (6)：49 - 72, 243.

⑧ 侯军岐，任燕顺. 基于项目管理的农村基础设施建设与管理研究 [J]. 农业经济问题, 2006 (8)：17 - 19, 79.

四、国外项目制管理绩效相关文献

国外项目制管理绩效问题直接对应的理论研究比较缺乏，因此，笔者采取另一种视角予以阐述。"项目"一词来源于企业管理，其主要指对于企业治理层面的研究，即探究在一定的资源以及一定的时间条件下，运用专门的知识、技能、工具以及方法实现或者超过设定的需求和期望的过程。项目是一个非常宽泛的概念，指为了创造独特的产品、服务或成果而进行的临时性工作。[①] 从项目定义上看，其暗含着工业管理或者工程管理的影子，所以回顾企业项目治理对于后续政府项目制治理开展具有重要借鉴意义。对于项目治理的内涵与影响因素，一些学者基于利益相关者理论对项目治理做了不同概括。特纳认为项目治理提供了一种结构，并通过这种结构设定项目目标、确定实现目标和监督项目绩效的方法以及实现项目利益与相关者的利益。[②] 凯斯·兰姆波特（Keith Lambert）认为项目治理是一种整体控制的系统性过程，其包括对复杂项目战略性指导以及综合管理的行为，最终实现各方满意的结果。其中，以英国项目管理协会（APM）的界定最具权威与代表性：项目管理（治理）重点用于公司治理中与项目有关的领域，其提出的项目指南（GoPM），探寻项目管理的有效治理与组织目标的一致性，并能够持续关注问题。[③] 而还有一些学者基于代理理论（agency theory）与交易成本理论做出了不同的定义：温奇借用了威廉姆森（Wiliamson）交易成本理论生发出治理的概念，指出工程项目过程中业主与承包商、供应商之间运用不同组织形式、契约形式将交易成本最小化。[④] 乔斯林和米勒从代理理论的角度分析了项目的成功与否与控制机制的类

① 项目管理协会. 项目管理知识体系指南（PMBOK）[M]. 王勇，张斌，译. 北京：电子工业出版社，2009：5.

② TURNER J R. Towards a theory of project management: the nature of the project governance and project management [J]. International journal of project management, 2006b, 24 (2): 93 – 95.

③ ARGYRES G M, PULCINS I R. The roles of standards and innovation [J]. Technological forecasting and social change, 2000, 64 (2): 171 – 181; RADA R. Standards: the language for success [J]. Communication of the ACM, 1993, 36 (12): 17 – 18.

④ WINCH G, LEIRINGER R. Owner project capabilities for infrastructure development: a review and development of the "strong owner" concept [J]. International journal of project management, 2016, 34 (2):271 – 281.

型没有关系，而与上级组织利益相关者导向相关联。① 将以上对于项目治理概念的解释作为外生变量进行考量，这些学者未注意制度上的迥异给治理结构带来的影响，在相同治理结构下，即使是不同制度也会使治理产生不一样的效率。

目前，有一些学者开始觉察到制度对于项目治理效率的影响。如一些学者对项目实践失败案例做了调研分析。弗格森通过对莱索托境内发展项目考察发现，发展项目只是充当了国家权力及其渗透的工具，而所谓的发展并没有真正的实现。② 美国学者詹姆斯·C. 斯科特（James C. Scott）的专著《国家的视角：那些试图改善人类状况的项目是如何失败的》对俄罗斯的集体化、坦桑尼亚等国强制村庄化以及巴西利亚等新城建设项目失败的原因总结道，国家简单化、极端现代化意识形态、独裁主义国家和软弱的公民社会四个因素致命结合导致灾难性后果。③ 巴林特等通过对津巴布韦社区保护项目进行调查发现，在地方政府没有良好的管理能力与保障措施基础上，如果负责监督和援助的外部机构离开，贸然地下放项目管理权力必然导致失败。④

但学者关于政府管理绩效问题如何改革政府的理论成果较多。①以官僚制的组织结构为视角对官僚制效率的反思：早在 20 世纪初，马克斯·韦伯就开启了官僚制研究，他认为层级节制、遵从制度和非人格化的理性官僚制建构是产生行政效率的源泉。20 世纪中叶，古尔德诺（1955）和克罗齐埃（1964）对官僚制进行了反思，认为官僚制僵化的权力结构造成了行政效率的低下，所以要从权力结构上改革官僚制。②以政府与市场关系为视角对凯恩斯主义政府的批判：20 世纪 70 年代，随着凯恩斯主义陷入两难选择的困境，以公共选择学派为代表的新自由主义对凯恩斯主义政府干预和规制进行了批判，其中基于政府是"经济理性人"这一假设提出了权力寻租理论和政府市场化改革的方

---

① JOSLIN R, MÜLLER R. The relationship between project governance and project success [J]. International journal of project management, 2015（33）：1377 – 1392.

② FERGUSON J. The anti – politics machine："development", depoliticization, and bureaucratic power in Lesotho [M]. Cambridge：Cambridge University Press, 1990.

③ 斯科特. 国家的视角：那些试图改善人类状况的项目是如何失败的：修订版 [M]. 王晓毅，译. 北京：社会科学文献出版社, 2012：46.

④ BALINT P J, MASHINYA J. The decline of a model community – based conservation project：governance, capacity, and devolution in Mahenye, Zimbabwe [J]. Geoforum, 2006（37）：805 –815.

向，认为政府的政策干预和行政规制创造了租金，政府人员利用公共权力资源在参与商品交换和市场竞争中寻求租金，谋取私人利益，所以要尽量减少和限制政府对市场经济的干预和行政规制，实行透明化政府管理和市场化竞争的政府改革。由此，新公共管理理论开始兴起。③以导入市场化竞争机制的政府改革为视角对创新政府有效治理方式的认识：20 世纪 80 年代，随着新公共管理运动的不断兴起，克里斯托多夫·胡德、戴维·奥斯本与特德·盖布勒、B. 盖伊·彼得斯①针对官僚制的僵化结构和凯恩斯主义等问题，在公共选择理论的影响下，提出摒弃官僚制和打破政府垄断，把市场竞争引入政府管理和公共服务之中，政府只掌舵不划桨，实行合同采购和竞争性招标，对承包商进行严格的质量监督，等等。特别是简·莱恩在此基础上更聚焦于政府管理引入市场化机制的技术理性，主张签约合同外包制和政府内部契约制，这可以成为一种可替代国家权威的机制;② 同时他认为法律保障、民主参与、竞争性资源配置、透明运作程序、政府签订契约和监控契约运作的能力是保障这一机制产生效率的前提。国外的研究表明：在科层制中嵌入市场化竞争机制是解决官僚制组织结构僵化和政府干预市场所导致的政府管理绩效损失等问题的关键，同时只有建构科学的治理机制及精细化的技术管理体系，并注重民主参与和强化权力监督，防范权力寻租和腐败，才能确保政府治理市场化取向的管理绩效，这些理论观点对研究项目制管理绩效问题具有较强的启示性。

五、研究述评

"权威体制"与"有效治理"的问题贯穿于整个国家治理过程，其核心在于中央统御权与地方治理权之间的矛盾。③ 项目制在此问题上呈现的"上有政策，下有对策"恰好反映其矛盾。如何实现中央对于地方的统御，同时又能激励地方治理的积极性一直都是诸多学者思考与追求的目标。自改革开放以

---

① 彼得斯. 政府未来的治理模式 [M]. 吴爱明，夏宏图，译. 北京：中国人民大学出版社，2013：16.
② 莱恩. 新公共管理 [M]. 赵成根，译. 北京：中国青年出版社，2004：68.
③ 周雪光. 权威体制与有效治理：当代中国国家治理的制度逻辑 [J]. 开放时代，2011 (10)：67－85.

来，中国社会发生了巨大的社会转型，中国的治理模式也在不断进行调试，学术界将这个过程归结为从"总体支配"到"技术治理"。项目制因其能体现国家意志，同时具有技术理性的特点，因此被诸多学者认为是当下中国重要的国家治理体制。前人的成果为深入研究项目制的问题提供了宝贵的理论基础和实践经验，基本释明了项目制运作的机理，但笔者认为，尚存在可资完善的空间。首先，研究成果偏重理论，经验研究相对匮乏。项目制因其复杂性和灵活性，运作过程和结果受到多种因素的影响，概括的理论探讨难以穷尽决定制度绩效的原因，必须结合有代表性的典型案例加以分析。其次，项目制源起于财税改革，实现经济效能是制度设计的根本目的，而目前的研究更多关注项目制对于国家治理和社会公共治理的意义，以及政治和社会因素对于项目制功能弱化的影响，反而忽视了最重要的经济因素，即寻租和共谋在降低项目制绩效的问题上无可辩驳的影响。质言之，笔者认为，项目制度设置及其精神意涵并不能解释项目制基层实践中出现的种种变异，而既有研究中呈现的项目制在基层实践语境中出现的诸种问题，又需要在基层实践层面对项目制本身的性质做出判断，从而弥补前述两个方面研究的张力，在此基础上，须结合经验分析将项目制研究引向深入。

综上所述，以上研究对本书深具启发意义，为未来拓展奠定了研究基础。其不足之处是：①研究重点和视角没有继续前移。随着项目制性质、运作结构和基本功能等研究的不断深入，更有意义的研究重点应该前移到项目制管理绩效问题上。既有成果没有把项目制管理绩效损失作为重点进行系统和细致的研究，也没有把研究视角前移到县级政府这一核心管理体系上（因为这一层次的项目制运作结构较完整和复杂，且决定着项目制的整体效率），所以其继续研究的意义、系统性和精细化程度受到限制。②没有深度触及项目制市场化激励机制失活的内在症结。项目制的本质意义是：在科层制中加载市场化激励机制以提升政府管理的绩效，但既有研究没有紧抓"项目制中市场机制如何失效"这一主线，也没有把项目制的相关管理制度、社会文化网络、项目特性（数量大、类型复杂和技术困境）、科层制权力主体与市场主体的勾连性等因素联系起来，系统地分析县级政府项目制管理绩效损失的内在机理，所以没有回答以下问题：项目制的市场化激励机制是如何失活的？怎样有效启动项目制的市场化激励机制？怎样全面提升县级政府项目制管理绩效？③研究方法较为单一。既有研究主要基于结构—功能主义理论解析项目制的运作结构与功能特性，但没有综合运用政治社会学、制度经济学和管理学（技术理性）等方法把项目制放在中国特定的权力结构与文化网络中解析其市场化激励机制失活的内在逻辑，也没有基于如简·莱恩的技术理性方法解析项目制市场化机制导入的基本条件，诸如法治保障、民主参与、运作机制的精细化和透明化程序、有效的权力约束机制等，所以难以提出操作性较强的对策思路。

第三节　研究方法

历史经验表明，实证叙事即基于客观事实进行描述并解释政治现实，本书主要是在实证研究方法的基础上开展。因此在操作层面，本书主要采取个案研究、结构功能分析以及深度访谈等方法收集相关的资料与信息，并在此基础上借助相关理论对项目制的产生背景、基本结构和市场化效率耗散，以及项目制内在悖论进行逻辑演绎，并得出相关判断。

一、个案研究法

本书主要沿用定性的研究方法，也就是质性研究方法。该方法被学术界质疑无法克服其普遍性和代表性不足这一缺点，即个案研究的解释力无法代表整体，而实际上个案的研究不应为了追求样本的规模或者因定量而定量技术性研究方法，而是在个案研究中跨越个案，正如费孝通所言："用比较方法逐步从局部走向整体，从而窥探中国社会全貌。"[①] 人类学家格尔茨也指出人类学理论研究的目的"不是为了抽象的规则编码，而是让深描变得可能，不是超越个案进行概括，而是在个案中进行概括"[②]。格尔茨的论说清晰展示了普通个案能展现出具有相对宽泛性和普遍性的背后问题，这种问题是跨越单一和区域个案而存在的。所以，"成功的个案研究能够呈现个别研究对象整体性和普遍

---

① 费孝通. 江村经济：中国农民的生活 [M]. 北京：商务印书馆，2001：21.
② 格尔茨. 文化的解释 [M]. 纳日碧力戈，等译. 上海：上海人民出版社，1999：32.

性的内涵与特征"①，还能够"借助理论和宏观分析阐明整体"②。笔者将从事件的问题或者现象入手，重点在于通过分析事件背后发生机制、项目资源下沉过程中与政府主体和市场主体产生的交互关系，以此发现项目制资源耗散当中普遍性的问题。在本书中，一方面，笔者将注重个案特征的总结与提炼，以避免个案的特殊性问题；另一方面，强调从个案中提炼、建构理论，同时回到其他个案中检视理论的解释力。因此，本书对与项目制相关联的个案资料做系统的归纳与总结，深入分析，从中寻找现实与理论问题，为生发出新理念观点并使之升华成为理论做铺垫。本书应用理论比较宽泛，涵盖了项目制理论、委托—代理理论、新公共管理理论和契约治理理论，这些理论相互交融，通过对个案资料逐步解码，汲取理论范畴，从而探寻和解释项目制效率耗散的理论动因。必须指出的是，各种访谈资料都是通过调研得到，同时根据学术性规范，对于出现的人名以及地名尽量匿名或者用字母代替。

二、结构功能分析法

结构功能分析法贯穿整个研究的过程，其是常用的研究方法，它谋求把结构分析与功能分析两者结合起来。结构功能分析方法对于政治系统的各种实际功能以及其履行这些功能的结构的研究，在梳理现有项目制系统资料基础之上不仅有助于发现国家政治制度、权力对于政策的影响，也有助于分析国家、社会、市场、社会庞大的系统之间交互关系等。在项目制系统运作研究中，采用结构功能法分析，有助于了解项目制涉及组织之间的关系以及功能。因此，对于项目制系统分析，不仅需要检视其组织功能，更要注意其自身组织架构以及背后的权力文化网络。

三、深度访谈法

深度访谈是了解研究问题的关键信息的重要方式，进而发现事情背后的本

---

① 邢成举. 精英俘获：扶贫资源分配的乡村叙事 [M]. 北京：社会科学文献出版社，2017：23.
② 王富伟. 个案研究的意义和限度：基于知识的增长 [J]. 社会学研究，2012（5）：161 – 183，244 – 245.

质，力争给予读者清晰的研究事件。笔者通过熟人介绍进入山县（本书所指山县非真实县名，均为代称）场域，利用田野调查的契机，重点访谈了山县的教育局与农业农村局相关各级领导干部和群众，了解项目运作全部过程，获取了一些与政策性文本相关的一手资料，对现有掌握的文献资料形成重要印证。访谈分为开放式访谈与结构式访谈。开放式访谈主要以文章主体为中心，不准备具体问题进行交谈，通过发散思维，引导访谈者尽可能阐释关键问题。结构式访谈根据前提文献的回顾发现所需关注的问题，在前期准备问题基础之上进行重点挖掘。

第四节　相关理论介绍

一、委托—代理理论

在信息闭塞的社会中，由于信息流通的渠道匮乏，双方如想高效便捷地沟通，就必须通过一种单一的渠道进行信息获取，但是在现代市场经济主导的社会中，信息资源搜集成为某些市场主体攫取资源与超额利润的优势。理性经济人的自利性迫使具有信息优势的市场主体不会将已知信息进行共享，导致"企业的黑箱"现象出现。因此，为了进一步探究这一问题，同时找出解决问题的方法，罗斯（Ross）、詹森（Jensen）与麦克林（Meckling）等经济学家于 20 世纪 60 年代末提出针对企业内部存在的信息沟通过程中的不对称与激励问题而发展起来的委托—代理理论。委托—代理理论的核心论点在于在信息不对称的前提条件下，委托人如何选择出最优的或者最值得信赖的团队合作伙伴，也就是代理人，他们强调这是契约关系，且在契约关系的框架下设计出最佳的契约来约束和激励代理人为自己创造最大的效用与价值。

委托—代理理论的存在基于一定的理论前提假设，即以理性经济人假设为核心，以信息不对称、双方存在利益关系两重假设为前提。具体言之，假定社会中所有独立存在个体都是利己的，在一定约束的条件下，所追求的目标都是使自身利益最大化，放入委托—代理关系中，委托人希望用最少投入换取代理人的效用回馈最大化，相反代理人关注的重点在于用自身较少的付出在委托人那里获取更优质的回报。委托方与代理方信息不对称是委托—代理理论存在的基础，代理人具有委托人无法拥有掌控的信息资源，因此双方之间达成协作意向，代理人为委托人提供其具备的信息优势，委托人提供自身资源。但是这不同于一般的雇佣关系，委托人授予代理人相当的自主决策权，而委托人很难时时刻刻对代理人的行为进行监督，代理人利用信息优势谋取自身私利极有可能产生损害委托人利益的行为。因此，为了维持委托—代理关系的可持续性，必须建构契约关系约束代理人行为，同时以激励方式实现代理人符合委托方期望的效用最大化，设计合理的激励手段与有效约束机制是保证委托—代理关系高效运转的有力举措。本书试图借用委托—代理理论来分析项目制效率耗散过程中的实践逻辑。项目制形成的重要基础是如上文所述的分税制改革，财政资金汇集中央后需要通过项目的方式实行财政再分配；项目财政必须对地方政府或基层社会产生强大的激励作用。[1] 例如，在项目制中，纵向多层级中央政府作为委托方与横向地方政府即众多代理方有着类似的委托—代理关系，这种情形犹如威廉姆森关于双边契约所谈到的"大数"现象：在市场交易中，作为卖主抑或买主面对的是市场上具有多重选择的潜在客户，即委托方下面有着大量可选择的代理方也就是横向地方政府，在众多下级政府之间相互鉴别，利用选择性激励与约束机制规范代理人行为。

二、权力寻租理论

权力寻租理论是委托—代理理论在公共领域的重要延展，"寻租"（rent - seeking）又称竞租，是指一种非生产性活动，政府运用行政权力对社会资源垄断或者对企业个人经济活动管制干预所创设出来的少数人受益的行为。其思想最早渊源于寻租理论创始人之一的美国学者戈登·塔洛克（Gordon Tullock）于 1967 年在论文《关于税、垄断和偷窃的福利成本》中所提出的重要观点：事实上，税收、关税以及垄断导致社会福利的损失超过了一般的估算，究其原因在于，企业会以各种疏通关系、游说、行贿等手段来争取降低甚至免除关税以获得超额利润，这种非正常的手段必然耗费企业大量资源，从而遏制正常性

---

[1] 渠敬东. 项目制：一种新的国家治理体制 [J]. 中国社会科学, 2012 (5): 113 - 130, 207.

生产投资。除非以正式投资生产行为所获得收益超过非生产性寻租收益，否则寻租不会停止。丹尼斯·缪勒（Dennis Mueller）延续了塔洛克的思想，其把寻租思想引入政府对于公共领域决策的影响，并从政府的作用角度来界定寻租，即政府通过帮助创设、提高、保护某个集团的垄断地位，来增加既得利益集团的垄断租金，却损害了购买该集团服务与产品的消费者的利益。一般来说，政府提供的垄断租金可以看作一笔可追寻的奖金，詹姆斯·布坎南（James Buchanan）将寻租支出划分为三类：①潜在获得这种垄断权的人的努力与支出；②政府官员为从潜在垄断者处获取利益，在授予垄断权的过程中所做出的非正当努力；③作为一种寻租结果，政府所引发的或垄断本身带来的第三方资源配置的扭曲。本书将寻租理论用作项目效率耗散全过程分析，主要基于两点：一是基于自主性发包，政府对发包过程的权力干预；二是基于竞争性发包所产生的复杂权力操作。该理论揭示了项目发包过程存在系统风险是自身运作的必然结果。

三、新公共管理理论：政府治理引入竞争机制

西方新公共管理（new public management，NPM）理论起源于 20 世纪 80 年代的英、美等西方发达资本主义国家，因传统官僚制无法适应经济发展需求，政府运转效率低下、财政赤字等治理危机日益严重，政府治理改革理念范式面临转变。新公共管理由此应运而生，其核心在于试图革新政府的管理体制，摒弃传统的公共行政学管理思想，转而采取新的模式构建起新的体制与机制，正如奥斯本和盖布勒提出的："政府不能像以前一样大小事务都管理，而需要改变一种新的管理模式，只负责制定政策以及提供相关服务。"① 新公共管理理论是在吸纳经济学与管理学，如经济学中布坎南的公共选择理论与威廉姆森的交易成本理论、管理学中弗雷德里克·温斯洛·泰勒（Frederick winslow Taylor）的科学管理理论基础上，强调公共服务领域运转效率，在提供公共产品与服务方面承担更低的行政成本。西方学者克里斯托弗·胡德对新公共管理

---

① 奥斯本，盖布勒. 改革政府：企业精神如何改革着公营部门 [M]. 上海市政协编译组，东方编译所，编译. 上海：上海译文出版社，1996：97.

的内涵做了清晰的论述。首先，在现代理念中，政府应该借鉴市场经济条件下私营企业的成功管理理论与方法，尤其是竞争机制嵌入。在传统政府治理观念中，政府与市场分属两个领域，政府向社会提供公共服务，企业通过市场化竞争拉动经济。新公共管理理论则引入市场化竞争机制到政府管理中，实现公共服务的多元供给，进而打破原有政府单一主体的公共服务供给模式，这种多元供给模式不仅可以提供高质量公共服务，而且可以剥离出政府冗余成员。其次，放松管制，注重公共服务的效率与质量。在传统的政治治理模式中，政府与社会之间的关系是一种单向性管制，社会被强调服从政府的管控。而在新公共管理条件下要求政府定位发生转变，政府不应该是社会管控者，即放松政府管制，以社会需求为导向，强调政府对于社会的回应性，同时通过引入市场化机制变革，确定行政成本与效率之间的界限，从整体上提升公共服务的质量，降低人力成本与提高服务效率。另外，新公共管理理论更加注重管理者的职业化素养，设计切实可行的绩效评估体制，以公共服务的效果与资源分配特别是公共产品预算相结合，促使资源利用最大化。最后，政府评价标准引入市场的绩效化。泰勒作为"科学管理之父"很早就注意到将绩效运用到管理科学中，必须指出的是，传统行政理论同样强调效率，但是由于在政府职能中缺少精确衡量指标，且即使有一些关注，也比较碎片化和浮于表面。新公共管理运动的兴起使得政府部门绩效评估成为行政管理的重要组成部分。奥斯本指出，绩效管理、授权化改革与客户导向在理念方面具有共性。① 从中可以看出，政府公共部门提供服务基于绩效可测量为前提标准，同时政府绩效理念再以客户满意度作为政府绩效衡量指标，通过绩效评估，政府根据其内部考核业绩进行奖惩、制定部门预算，不仅赢得民众认可，还为政府合法性提供支持。

新公共管理主导的政府治理模式，如竞争机制的引入与注重公共服务的质量以及职业化政府管理，为项目化政府治理提供了理论基础。渠敬东指出，项目制处于一种技术治理的逻辑中，其遵循着一套严格的事本主义流程管理模式，每个步骤与环节有着相关标准与管理制度，通过科学的管理，强调程序与

---

① 奥斯本，盖布勒. 改革政府：企业精神如何改革着公营部门 [M]. 上海市政协编译组，东方编译所，编译. 上海：上海译文出版社，1996：98.

技术，以实现项目的高效、高质量完成。① 在这一过程中，科层制嵌入市场化竞争管理模式，初衷是提高项目治理效率，同时政府管理职业化强化了项目治理的专业化特性。一方面高效率提供公共服务与公共产品，展现项目领域专业技术的运用；另一方面项目制追求的本质价值在于快速、便捷、低成本、高质量的项目结果。由此可见，新公共管理理论对于项目化政府治理具有一定指导实践意义，当然，其作用无可替代。

第五节　研究思路与"科层制—市场化黏性结构"分析框架

中国的国家治理具有两条逻辑理路：一条是央地之间的关系，其主要体现在央地之间资源配置、人事制度晋升以及中央对于地方监管等事务上的关系；另一条是国家与社会之间的关系，其具体表现为各层级政府对于社会治理之间的关系。② 众所周知，我国国家治理是以科层制为基础，而项目自上而下下沉过程中必须依附现有科层制体系从而实现国家政策意图，就当前我国基层公共服务供给而言，在很大程度上依托于国家一般性财政转移支付与专项财政转移支付。换言之，以项目制的形式顺着科层制一级一级传递到村级，因此，项目的运作过程无法脱离科层制体系而独立存在，正如史普原所言，项目制与科层制是全方位"并行"的。③ 因此，项目制作为提供基层公共服务和推动农村经济发展的方式之一，其自然而然有着中央自上而下设计的完整制度构建。理论上，项目制效率设计的初衷是通过项目调动横向地方政府之间的市场化竞争，而项目的成功运作离不开纵向层级政府的积极参与与协作。中央政府利用项目实现政府层级之间的动员，中央政府与地方政府之间达成不完全契约，中央以委托方角色把项目委托给地方政府，即中央政府设立项目，以层级传递方式发

---

① 渠敬东. 项目制：一种新的国家治理体制 [J]. 中国社会科学，2012 (5):113–130, 207.

② 周雪光. 权威体制与有效治理：当代中国国家治理的制度逻辑 [J]. 开放时代，2011 (10)：67–85.

③ 史普原. 科层为体、项目为用：一个中央项目运作的组织探讨 [J]. 社会，2015, 35 (5)：25–29.

包到省级政府，省级政府把本地域发展计划嵌入中央项目之中（此行为被称为地方政府打包），最终形成县级政府制作标书申请项目抓包行为。由于项目的特殊属性也就是项目稀缺性，数量上的限制必然带来地方政府之间项目配置竞争行为，同时对于竞争中的胜出者，中央政府利用激励机制，动员县级政府以项目竞争性招标形式积极有效完成国家政策意图，实现项目制激发地方活力的高效国家治理体制。

然而国家试图以项目制市场化方式嵌入科层制体系之中，一定程度上影响了国家治理效率的提高。一方面，由于项目制本身的罅隙使项目制效率耗散存在一定的空间与条件，如监督弱化、规制的限度等。另一方面，政府与市场界限模糊化致使会产生一些权力寻租的道德风险行为从而不断消解市场化的运作效率。

那么，本书在既有研究思路的基础上，以国家权力、社会与市场的视角，搭建系统的分析框架，即项目制市场化效率激励预设与项目制市场化效率耗散分析框架，以解析项目制市场化效率耗散的内在逻辑。

一、项目制市场化效率激励的理论预设

在科层制体系中"嵌入"市场化机制，即项目资源竞争性配置和竞争性招标（府际竞争和市场主体之间竞争）；项目资金配套形成产权激励约束，以提高国家项目资金的使用效率（见图1-1）。

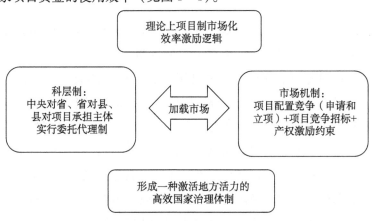

图1-1　项目制市场化效率激励的理论假设

二、项目制市场化运作的效率耗散

项目制市场化运作的效率耗散是由项目制的"科层制—市场化黏性结构"所决定的，或者说，"科层制—市场化黏性结构"就是一种效率耗散结构。其特点：一是"科层制—市场化黏性结构"是浸润式结构。在科层制中"嵌入"市场机制，市场体系并不独立于科层体系，二者之间没有明晰的边界，权力渗透到市场体系之中。这与新公共管理运动的"非黏性"外挂结构相区别，"非黏性"外挂结构就是在科层制外加挂市场机制，形成两个相对独立的平行体系，二者之间有明晰的边界，权力止于市场边界。二是在"科层制—市场化黏性结构"中，自上而下的委托—代理中剩余控制权、权力文化网络、制度与监督限度等构成要素的叠加与共振，由此产生一些道德风险行为及逆向选择，从而弱化虚化市场化竞争性的项目配置、竞争性招标、项目验收与项目资金配套的产权激励约束，从而导致项目制市场化运作的效率耗散。

第六节　创新和不足

一、创新之处

一是提出了项目制"科层制—市场化黏性结构"的效率耗散逻辑。到目前为止，学界对项目制的研究主要关注项目制的产生背景、基本运作结构、国家政策实现功能与治理体制、项目腐败和"精英俘获"等方面。虽然也有学者关注或提到了项目制的低效率问题，但只是基于个案分析和一般性判断，并没有系统地从科层制、社会与市场视角专门研究项目制的内在结构与效率耗散的关联，尤其是"科层制—市场化黏性结构"所产生的效率耗散特征。项目制的"科层制—市场化黏性结构"的效率耗散是必然的，并不能像理论假设的那样只要把市场化的竞争和产权激励约束机制嵌入科层制，就可以产生市场的运作效率。这是因为"黏性结构"是在科层制中"嵌入"市场机制，所形成的是浸润式结构。市场体系并不独立于科层体系，二者之间没有明晰的边界，权力渗透到市场体系之中，项目运作很难独立地进入市场竞争和产权约束体系，项目制的市场效率由此难以形成。这与新公共管理运动的"非黏性"外挂结构相区别，"非黏性"外挂结构就是在科层制外加挂市场机制，形成两个相对独立的平行体系，二者之间有明晰的边界，权力止于市场边界。

二是从国家、市场与社会视角解析了"科层制—市场化黏性结构"的内在逻辑。尤其是把权力文化网络这一变量引入权力体系与市场体系中，更加清晰地解剖了"黏性结构"要素的叠加与共振，即在委托—代理制下，剩余控制权—权力文化网络—制度限度等"黏性结构"因素的叠加共振。这种制度环境中的结构性矛盾，实质上构成了周雪光所揭示的"共谋"行为的生成土壤——不同层级行动者为应对目标考核压力与资源约束，通过非正式协作实现政策执行的策略性调适，由此产生权力共谋的道德风险以及逆向选择，从而弱化虚化市场化竞争性的项目配置与产权激励约束。同时，在此基础上提出项目制市场化"黏性结构"的内在悖论：一方面，存在科层制与市场化融合的悖论。科层制与市场化是两套系统，二者之间只能平行加挂。在法治化治理能力有待提升、权力文化网络仍具现实影响力的转型阶段，在科层制中嵌入市场机制会导致权力对市场的浸入，这种"行政吸纳市场"现象恰是共谋逻辑向经济领域的延伸。另一方面，项目制的效率在一定程度上与政治认同、强化科层制内聚力呈负相关，其效率的非耗散性可能导致项目制的运作困境。所以项目制效率改进的空间十分有限，必须立足于国家治理体系现代化目标，通过深化法治建设明晰权力边界，在坚持社会主义市场经济改革方向下寻求制度突破。

三是进一步丰富了项目制的研究内容。从当前知网的检索中很难检索到有关项目制效率研究的论文，本书系统地开启了项目制效率耗散研究，也是对当前项目制研究的一点补充和推进。

二、存在的不足

第一，在整个研究的过程中由于田野调查时间较短，以及客观调研条件的限制（获取资料存在巨大阻碍），笔者掌握的调研资料并不丰富，加上笔者本身理论知识以及科研能力存在一定的局限，因此在个案调查与系统剖析理论上深度不够。

第二，笔者出于田野调查的便利考虑，单单以山县的案例为研究对象展开讨论，缺乏一个比较完整的设计，以便与其他地域更多案例进行比较与互鉴，从而能得出更具说服力的结论与现有理论对话。

第三，从研究的内容上看，笔者对于项目制效率耗散的研究是从权力、制度、结构方面剖析其效率耗散的过程，并没有过多实质性数据支撑其耗散的结果，是本书最为薄弱的环节，更是不足，对于数据的收集是笔者今后关注的重点之一。

第二章
项目制市场化运作的基本特征、动因与沿革

在正式论述笔者前期准备的田野调查内容之前，笔者认为对国家项目制确立背景以及变革过程做一个系统的图景展示是极为必要的。历史制度主义学者指出，理解制度安排不能将其与所处的政治与社会背景分离[1]，这是我们开展项目制效率耗散研究与分析的前提和基础。一方面，项目制产生背景是特定时期的政治动因、社会环境的集中体现；另一方面，这也是一种历史性景观。因此，无论是政治学对政治与社会背景的关注，还是人类学对社会、历史以及文化的多维度研究主张，都在提示我们注重对环境和背景的考察。[2]

第一节　项目制的内涵及其分类

一、项目制的内涵

项目制是指在分税制背景下，中央为了实现国家政策意图以专项资金（如乡村振兴、土地整理、水利建设、美丽乡村建设、农村教育、养殖种植、扶贫等项目）对地方政府或基层政权实行财政转移支付的一种管理机制，其中包含项目立项、申报、审核、监管、考核、验收、评估和奖罚等一系列程

---

[1]　THELEN K. Historical institutionalism in comparative politics [J]. Annual review of political science, 1999 (2): 369 – 404.

[2]　魏来. 非对称产权：农地制度变迁中的农户、集体与国家 [D]. 武汉：华中师范大学, 2019.

序，试图在科层制中嵌入市场化竞争和资金配套的产权激励约束机制，以提高中央财政资金的使用效率。当各种项目逐步成为中央政府统合地方各级政府以及社会诸多领域的治理手段时，项目制成为一种国家治理体制。学界因此把这种专项财政转移支付机制和运作过程简称为项目制，项目制在推动农村经济社会发展和实施"乡村振兴"战略中起着十分重要的作用。

　　虽然项目制具有项目管理本身的一些特性，同时项目制具备的国家治理要素与项目管理逻辑有着某种程度的耦合，但项目与项目制内涵存在大的区别。美国项目管理协议指出，项目是为了创造独特的产品、服务或成果而进行的临时性工作。中国学者在西方定义项目的基础之上进行本土化的归纳，认为项目是为了解决某项特定任务的需要，在特定时间范围内，以及有限的资源、人力的条件下，通过专门的临时性组织依托现代化管理模式实现预期目标的一次性组织方式。从"项目"管理衍生到"项目制"这一概念，在一定程度上呈现出概念的发展与演进。学术界对于项目制的概念界定也卷帙浩繁，尽管在研究视角上有着一定的差异，但是对于项目制本质理解有一致性。其中，最具有代表性的是周飞舟与渠敬东等的观点。项目制本质在于以国家财政杠杆手段，将财政资金项目化或专项化，就是指政府以项目或专项的形式对资金进行分配。[①] 沙凯逊指出科层制与市场治理的失灵致使项目制出现，而两者失灵的原因在于自然不确定性，自然不确定性和项目组织形式之间有着一种内在联系。[②] 渠敬东则指出项目制是一种治理模式，它可以统合中央与地方的各层级关系及社会各个领域。[③] 在此基础之上，笔者认为周雪光对于项目制的定义更具有代表性，其认为项目制是政府运作的一种特定形式，它是按照中央政府的意图，在常规的财政分配渠道之外，采取自上而下地以项目化资金的方式配置资源的一种制度安排。[④]

　　根据学者的研究可以看出，项目制是我国分税制改革之后，为了解决地方政府财权与事权之间的"倒挂"，弥补地方政府因财力匮乏造成的公共服务不足，通过财政资金专项化措施向下转移支付以及动员社会资源。必须指出的

① 周飞舟. 财政资金的专项化及其问题：兼论"项目治国"[J]. 社会, 2012 (1): 1 - 37.
② 沙凯逊. 建设项目治理 [M]. 北京：中国建筑工业出版社, 2013: 18.
③ 渠敬东. 项目制：一种新的国家治理体制 [J]. 中国社会科学, 2012 (5): 113 - 130, 207.
④ 周雪光. 项目制：一个"控制权"理论视角 [J]. 开放时代, 2015 (2): 82 - 102.

是，专项化的财政资金指定了资金使用范围、用途以及周期等因素，且不得挪作他用。地方则通过申请的方式申报项目，从而项目落地到以县为主实施过程。从发包主体看，项目发包主体不仅是中央政府，省、市地方政府都有权自行设立项目，从而成为发包主体。项目制的内涵：一是基于工程项目管理的"事本主义"的内核——过程、性质与特征；二是基于分税制下专项化财政分配方式；三是基于科层制下嵌入市场化机制的国家治理体制。其过程是：根据国家政策意图设立项目指南—竞争性申报（申请、评审）和立项—项目落地与实施—监督—验收—绩效评估等程序，在组织结构上实行委托—代理制和"条线"发包管理，以此试图超越科层制而形成既有科层管理，又有市场竞争的双重性质的国家治理体制，以有效地实现国家政策意图。本书旨在这一双重性质的国家治理体制背景中聚焦于项目落地的县级层面，以政治社会学视角分析项目制的效率激励和耗散结构。

二、项目的类型

上文已经清晰阐述了项目制的内涵，为后续进一步的研究奠定了基础，当然，项目制的适用范围及其外延与边界需要界定。在这里我们主要讨论的是县一级的项目制分类，县级项目涵盖范围非常广泛，其中包括由不同主体共同参与不同类型项目的形式。项目参与的主体由县级政府相关部门、基层政权的乡镇村社、市场承包商、项目受益群众等多个主体构成，县级政府与基层乡镇村社基于项目资源的下拨形成委托—代理关系，由此根据这两者之间的关系，基于不同的标准，把县级政府项目分为以下几种类型。

（一）按项目表现形式划分

我国项目表现形式一般分为竞争性项目与普惠性项目，区分项目表现形式的标准在于是否在申请过程中存在市场竞争机制配合财政转移支付的方式。

竞争性项目是一个比较复杂的系统工程，由于竞争性项目资金量大，以及建设周期长等特点，在具体运作过程中由中央政府对地方政府进行竞争性授权，而非采用行政指令性手段，体现了项目制运作基本逻辑。周雪光指出项目制具有两个重要因素："专有性关系"与"参与选择权"。专有性关系是指项目在政府层级之间传导，也就是中央政府作为委托方与地方政府作为代理方之间的关系，参与选择权是指横向地方政府参与项目竞争，当然，地方政府拥有不参与竞争的选择权。因此，在纵向政府层级关系的竞争性项目上，中央政府不会给予地方政府资源分配权；同时在横向政府层级关系上，民众无法参与项目申请，无法监督政府行为。最终，这种竞争性争取项目的过程导致中央设立项目传导过程有了"自上而下"的非正式运作的特性。

普惠性项目也就是非竞争性项目，这种项目是为了弥补地方公共服务不足，由政府主导项目式供给，同样也是依托于科层制自上而下财政转移支付支持运作。必须指出的是，普惠性项目不需要横向地方政府竞争，而是国家的一般性财政转移支付按照财政预算统一专项拨付，这种国家统筹包揽的项目具有资金量大、覆盖范围广以及普惠等特点。具体而言，第一，在项目资金的下拨方式上，主要由县财政局、发改局以及相关部门共同拨付与项目的具体内容对应的资金。第二，在涉及具体项目内容上，主要是关系民生或者是政治性较强的专项类项目，诸如产业扶贫、农业补助、农地整合等。第三，在项目指标分配上，主要是以政府"内部指定""体制内吸"完成项目资金单向度的下拨。

（二）按照隶属关系划分

分税制改革之后，中央的财政收入逐步提升，在一定程度上弱化了地方财政能力。但是地方政府拥有项目设立权力，因此按照项目资金的来源可以把项目划分为中央预算内投资项目、国家专项财政转移支付项目以及地方政府自设项目。当然中央预算内投资项目与国家专项财政转移支付项目属于中央各个部门直接管辖，项目的设立以及建设资金、监管过程都由中央各个部委统一调配和解决。

中央预算内投资项目与国家专项财政转移支付项目一般是由中央各个部委自行设立项目指南，地方各级政府根据项目指南通过发改部门逐级上报，最终经由国家发改委列入下一年的投资计划项目，接着国家根据地方上报进行财政预算，在国家项目指南计划中逐一进行项目分配。

地方政府自设项目一般是由地方城投公司以银行贷款、发行债券等多种形式募集资金，且地方项目由地方相关部门负责进行协同合作，其主要也是为了发展地方经济、解决地方就业等问题而设立的。地方政府是项目投资主体，自行承担项目营收。

（三）按项目建设类型划分

按照项目建设类型划分，可以把项目分为不同类别。具体而言，从项目的作用上看，项目可分为基层公共基础设施类，其中包括水利项目（含防洪、灌溉、水域灾害治理、水利工程枢纽等）、基层城市建设工程项目（含主城区道路硬化、污水排放及处理、垃圾处理、地下管网建设）、生态环境保护项目以及其他基础设施项目，还有文化发展类、行政支出类以及经济发展类项目；从项目的具体应用上看，项目可分为交通运输类（涵盖公路、道路绿化、道路维护等）、公用事业类（涵盖县级市政工程建设、卫生与社会福利、体育与旅游、教育与文化类项目）；从项目是否盈利上看，项目可分为社会公共利益类与投资建设类。此外，根据项目的投资回报特点及运营方式等因素，可分为经营性项目、准经营性项目和非经营性项目。

第二节　项目制运作的特点

分税制实施以后，中央与地方的财政收入和分配结构产生了重大变化，其主要特点是，随着国家税收汲取能力的迅速提高和国家财政能力的不断增强，国家以"抽取"和"下放"财政资金为手段平衡地方政府财政和调控宏观经济。[①] 在这种情况下，财政资金的分配开始采用项目制的财政转移支付方式在科层制之外灵活处理，即这些支付大多由"条线"职能部门自上而下地转移，而地方或基层政府则需要通过申请项目的方式来获得中央财政转移支付[②]，由此各种财政资金开始以"专项"和"项目"的方式向下分配，而且逐渐成为中央财政支出的主要手段。[③]

---

① 渠敬东. 项目制：一种新的国家治理体制 [J]. 中国社会科学，2012（5）：113 - 130，207.

② 折晓叶，陈婴婴. 项目制的分级运作机制和治理逻辑：对"项目进村"案例的社会学分析 [J]. 中国社会科学，2011（4）：126 - 148，223.

③ 周飞舟. 财政资金的专项化及其问题：兼论"项目治国" [J]. 社会，2012，32（1）：1 - 37.

一、项目制主体合作与博弈的双重过程

项目制是分税制改革背景下新双轨制的组成部分，旨在弥补旧双轨制的不足，解决分税制改革后地方政府财权和事权不平衡的问题，并切实推动公共服务的供给，缩小城乡和区域的发展差距。不同于传统的财政转移支付手段，在项目制的运作过程中，项目资源的所有者（发包方）以专项资金的形式，将项目资源发包给项目的中介者（打包方），中介者再通过招标等方式将项目分配给项目执行者（抓包方）。项目制三方构成了一个简单的权力利益网络格局，彼此相互配合的同时，既有共同的利益联结点，也有各自的利益需求，其协同与博弈直接影响到项目制的运作效率。发包方在将项目发包给中介者和执行者的同时，也会动员地方对项目提供资金配套。打包方和抓包方则希望借助国家的财政支持，为本地区提供公共服务，并增加政绩。发包方和打包方对项目享有监督和验收评估的权力，并以此主导运作过程；抓包方则凭借直接执行的便利，运用多种手段以争取自主权和实际利益。

项目制因其内生逻辑，本应具有多重功能，其中经济方面的作用尤为显著。例如，平衡央地关系，加强基础设施建设，缩小城乡和区域差距，拉动内需，促进经济增长等。政治方面则侧重于通过提供公共服务以增强政权合法性，形成不同于传统科层制的公共管理新范式，并促进中央集权和地方分权博弈之下政治体制的良性运作。在社会方面，项目制有利于新公共性的产生和发展，给农村社会组织提供了广阔的用武之地，并可增强社会资本，抵制农村社会原子化的趋势。然而运作中的困境导致项目制的功能受到弱化，如寻租活动降低了项目制的绩效，马太效应加剧，部分地区甚至因此集体负债。若新的"块块垄断"产生，政府转型不成功，体制负担将加重。行政中间层缺位，国家对于村民的纵向影响力加强，导致了"强国家—弱社会"的局面，村民之间的横向联系减弱，原子化态势难以逆转。

项目制的运作需要项目资源所有者、项目中介者和项目执行者的共同参与，在这整个过程中，三者之间既存在合作，也存在博弈。项目资源所有者是控制项目资源的部门和组织，也称发包方，主要包括地市级职能部门、省级职能部门和中央各部委，其主要负责将项目资源发包给打包方。项目中介者即项

目申报部门和组织，也称打包方，在发包方和抓包方之间起到沟通和联络的作用，通常包括县级政府及其职能部门。项目制的三个主体形成一个权力利益网络，既有共同利益也有各自利益，甚至可能还有摩擦与冲突，所以三者之间的合作与博弈对项目运作效率发挥着直接影响，决定着实现目标的可能性与程度。

二、科层制之外的条块统合

项目制突破了传统科层制的束缚，在行政上下级的"条条控制"之外寻找到了"条块统合"的运作方式，不仅创新了资源的配置和管理方式，也创新了动员机制。在资源的配置和管理方面，传统的科层制主要以层级管理为主，上层指定资源配置的领域和对象，控制资源配置的全过程，下层缺少自主性和积极性，活力不足，且容易造成水土不服的情况，难以实现资源配置的初衷。而项目制中下达的资金来自专项资金，而非上级政府的财政，因此上级政府对于下级政府的制约和控制较少，下级政府的自主权和话语权均有所增强。[1] 在动员机制方面，传统的科层制主要以压力层层传导型动员为主，易造成下级政府的抵触情绪，影响政策执行的效果。项目制一改科层制下的层级动员模式，转为多线动员模式，上级单位可以越级别、越部门地选择下级单位，下级单位也可以从多种渠道获得项目，大大提高了动员的效率。此外，项目制下的人事安排较为特殊，通常成立专门的项目组负责执行工作，具有更多的独立性。加之项目制的程序优先性，频繁的会议与检查、定期的汇报与评比，都构成了项目制特殊的动员机制。

三、竞争性获取项目资格

项目制是在科层制之外加载市场化机制的一种财政转移支付方式，具有科层制与市场机制双重运作结构。中央政府试图通过市场化竞争性项目配置和资金配套等双重机制形成有效的产权激励和公共资源使用的约束，以提高中央项

---

① 渠敬东. 项目制：一种新的国家治理体制 [J]. 中国社会科学，2012 (5)：113 – 130, 207.

目资源的使用效率和实现国家政策意图。既然项目资源的配置按照市场竞争机制运作，其必然存在项目稀缺性，必须通过地方政府的横向竞争获取项目资源。这种竞争性获取项目资源的手段不仅可以快速优化项目资源的配置，使项目资源利用实现最大化，而且还可以防止项目实施的失败导致项目资源的浪费。必须指出的是，普惠性项目同样存在竞争，普惠性项目虽然逐步分批进行分配，但是这种分批次是先来后到的，同样会迫使地方政府采取策略竞争行动以优先获取普惠性项目。

第三节 项目制运作的内在动力

一、分税制改革

项目制成为一种全新的国家治理体制[1]，可以回溯到 1994 年分税制改革。20 世纪 90 年代推行财政包干制导致中央"国家能力"（state capacity）下降，超过了王绍光提出的"分权底线"。[2] 分税制最主要的目标是扭转财政不平衡局面。因此，地方增值税被重新划分为中央与地方共享税，中央政府与地方政府的财政收入比例从 1993 年的 0.35：1 变为 1994 年的 1：0.79，到 2011 年这个比例变为 0.97：1[3]，直到 2019 年增值税变为"五五分享"的比例。地方财权逐步收归中央，中央政府财政资金逐渐雄厚，宏观调控能力不断增强，中央通过雄厚财政收入平衡地方之间财政收入，同时推动整体区域协调发展，相反，部分地方政府财政则紧缩，尤其是基层县乡财政困难，经常出现入不敷出的现象。为了弥补地方因分税制导致的财政资金缺口，均衡中央和地方财权与事权划分之间的矛盾，并提供公共服务，中央政府通过项目的形式对地方政府转移支付。1994—1998 年中国中央—地方政府财政收入如表 2-1 所示。项目制由于其自身特性而成为中央对地方财政转移支付的一个主要方式。财政部公

① 渠敬东. 项目制：一种新的国家治理体制 [J]. 中国社会科学, 2012 (5): 113-130, 207.
② 王绍光. 分权的底线 [J]. 战略与管理, 1995 (2): 37-56.
③ 杜春林, 张新文. 从制度安排到实际运行：项目制的生存逻辑与两难处境 [J]. 南京农业大学学报（社会科学版）, 2015, 15 (1): 82-88, 126.

开资料显示，中央对地方的转移支付力度逐步加大，自 2010 年的 32341.09 亿元增长到 2015 年的 55728.52 亿元，年均增长率为 11.5%。[①] 戴维·伊斯顿指出："把政治生活解释为一系列复杂的过程，某种输入由此而被转换为我们称之为官方政策、决策和执行行动的输出，是很为实用的。"[②] 1994 年分税制改革到 2005 年税费改革之后，国家资源的流向发生了改变，而资源流向性的改变在政治生活的运作过程中必然导致政治系统内部产生调整，中央政府政策、地方政府决策以及基层组织执行必然发生新的变化。所以，国家各个部门发包或者地方政府发包种种项目呈现出伊斯顿所阐述理念的政策表达。

表 2-1　1994—1998 年中国中央—地方政府财政收入

年份	全国财政收入（亿元）	中央财政收入（亿元）	地方财政收入（亿元）	中央/全国（%）	地方/全国（%）
1994	5218.10	2906.50	2311.60	55.70	44.30
1995	6242.20	3256.62	2985.58	52.20	47.80
1996	7407.99	3661.07	3746.92	49.40	50.60
1997	8651.14	4226.92	4424.22	48.90	51.10
1998	9875.95	4892.00	4983.95	49.50	50.50

资料来源：《中国统计年鉴》1994—1998 年。

二、汲取型政府向服务型政府转化

米格代尔指出国家能力包含四个方面：国家对社会组织的浸透能力、社会内部多种关系的调节能力、社会资源汲取能力以及适当地分配或使用资源的能力。[③] 王绍光与胡鞍钢提出的国家能力观点与米格代尔具有相似性，其认为汲取能力、调控能力、合法化能力与强制能力这四种能力可作为衡量国家能力的指标。[④] 从这里我们可以看出，对资源的汲取能力是国家能力的重要指标。新

①　参见中华人民共和国财政部官方网站 https：//www.mof.gov.cn/zhengwuxinxi/caizhengxinwen/201503/t20150317_1203481.htm。
②　伊斯顿. 政治生活的系统分析 [M]. 王浦劬，译. 北京：人民出版社，2012：16.
③　米格代尔. 强社会与弱国家 [M]. 张长东，朱海雷，隋春波，等译. 南京：江苏人民出版社，2012：5.
④　王绍光，胡鞍钢. 中国国家能力报告 [M]. 长春：辽宁人民出版社，1993：61.

中国成立初期，为了快速建立完备的工业体系塑造强大的国家，国家通过行政机构强化国家对于基层社会的统合，通过任务驱动型体制使基层政府贯彻和执行国家计划与任务，为国家工业化与城市化汲取资源和输送资源。迈克尔·曼认为国家权力包括两个方面，一方面是国家的专制权力（despotic power），指的是国家"精英"不与市民社会中各个集团进行常规化、制度化磋商，自行决定其自主行为的权力，也被称为强加于社会的权力（power over society）；另一方面是国家基础权力（infrastructural power），指的是国家渗透市民社会，在领土范围内贯彻政治决策的能力，也被称为通过社会获得的权力（power through society）。① 而现代国家的构建历史趋势是弱化"专断性权力"，强化"基础性权力"②，即强化提供公共服务的能力，由此，汲取型政府向服务型政府转化有其历史合理性与必然性。20世纪90年代，市场经济体制与分税制建立，加之国家工业化原始资本积累完成，国家无须向基层汲取资源，同时向民众提供公共服务是政府的重要职能之一，亦是增强绩效合法性（performance legitimacy）的必然要求，绩效合法性是中国改革开放三十多年来取得巨大成就的重要解释。③ 从另一个角度看，这种新的财税体制（分税制）建立完全迥异于先前传统的汲取型财税体制，随着国家的财力增强开始取代先前传统的分级投入财税模式，同时也开启了国家通过一般性财政转移支付与专项财政转移支付来弥补地方公共服务投入不足的新阶段。更重要的是，汲取型财税体制时期基层政权强制向农民汲取资源，在一定程度上加剧了基层政权与农民之间的紧张关系，而转移支付缓和了这种紧张的关系，使基层政权与民众之间的关系成为周飞舟所言的松散的"悬浮型"，即许多基层政府依靠"组织申报和关系动员"的方式维持公共服务。

三、绩效合法性与晋升体制

绩效合法性与晋升体制是基层社会治理过程中的一体两面，两者相辅相

① 曼. 社会权力的来源 [M]. 刘北成，李少军，译. 上海：上海人民出版社，2007：67.
② 汪民安，陈永国，张云鹏. 现代性基本读本 [M]. 郑州：河南大学出版社，2005：45.
③ 杨宏星，赵鼎新. 绩效合法性与中国经济奇迹 [J]. 学海，2013 (3)：16－32.

成。国家为社会提供公共产品的能力是绩效合法性的来源①，是中国经济发展的主要动力。项目化的公共产品供给方式极大提高了基层政府的效率，即项目制背后有一套事本主义逻辑严格指导基层政府遵照项目制定流程，同时以科学管理模式在每个环节予以规范，实现项目资源利用最大化。从组织角度上探究，项目资源会直接绕过政府行政层级，脱离科层制中纷繁的程序与规范的桎梏，以提高项目运转效率，减少因层级过多产生的控制性问题，力求项目扁平化管理。从资源配置的角度上看，中央财政转移支付通过专项化形式，即专项转移支付的资金有着专门使用目标指向，之所以强调专项是在制度上保证项目资金预算与审核不得挪作他用，在一定程度上体现国家政策意志，其目的也是防止项目资金在政府层级下沉过程中的"层层拔毛"行为造成项目落地资金的匮乏。从资格获取角度上看，项目资源的有限性决定了项目"花落谁家"必须通过基层政府的横向竞争，也就是在科层制下嵌入市场化竞争手段完成项目预期目标，以防项目失败造成资源的浪费。绩效合法性曾给中国的行政体系带来巨大影响，它激励了部分官员创造治理绩效，以之作为"晋升"的台阶，并由此中央政府从宏观地方经济增长中获得绩效合法性。同时，在基层治理中，绩效合法性在很大程度上对基层政府公信力产生助力，更为重要的是绩效合法性对于政治信任、政治支持有着重要影响。钟杨等通过实证调查进一步证实，"人们物质生活条件改善的确有利于执政党的合法性"②，因此，宏观经济发展对于执政者带来绩效合法性得到学界学者们的认同。实质上，公共产品的供给同样会带来绩效合法性，如上文所述中央政府以项目化与晋升激励等形式提供公共服务，解决了基层政府在财力匮乏条件下公共产品供给的问题，满足了上级政府绩效合法性的要求，带来了民众对政府支持与满意度上的提升。而且突出的项目化公共服务的供给极有可能成为典型，被复制给其他基层政府以提升政治治理绩效，这种典型的项目化公共服务供给模式成为推动基层领导晋升的重要支撑因素。

---

① 赵鼎新. 国家合法性和国家社会关系 [J]. 学术月刊, 2016 (8)：166 - 178.

② ZHONG Y, CHEN J, SCHEH B J. Mass political culture in Beijing：findings from two public opinion surveys [J]. Asian survey, 1998, 38 (8)：763 - 783.

四、回应群众的现实诉求

基层政府提供公共服务是社会治理的重要方式之一。在众多现代国家中，以市场配置资源的方式较为普遍，由于供给主体处于理性"经济人"角色，对于无利可图的公共产品必然会产生市场缺位，但是由于民众刚性所需，不得不由政府补位向社会提供公共产品以解决公共服务市场失灵的问题。这就要求政府不再缺位，提供普惠性公共服务，而现实是科层体制层级过多，易造成政策自上而下沿着科层链条层层传递后产生政策扭曲，所以项目制成为政府提供公共服务的一种理想选择，其能够帮助政府实现常态化治理的工作需要，尤其是项目具有的特殊属性（如事本主义逻辑和追求高效率、低成本、高质量）恰好契合科层体制提高行政效率、实现行政目标等原则，呈现出极强的现代性治理。而且当前，我国正处于跨越"中等收入陷阱"的关键时期，国内出现不少矛盾，国际外部环境趋紧，为了跨越"中等收入陷阱"的境地，化解社会矛盾，国家以项目化提供的公共服务，主动回应民众诉求。

第四节　项目制与公共服务供给机制的沿革

上文提到"项目"一词源于企业管理，是企业因处理临时性事务的需要而对泰勒的科学化、标准化的管理办法或者说直线职能型组织结构进行某种修正后的结果。从项目的定义上看，项目有着市场经济中公司化管理的印记，因此，对于工业管理抑或工程管理项目治理回溯继而将之引入政府治理领域具有重要意义。中国国家治理中的项目制，追溯其源头在于西方的项目治理，其虽然有着相似的治理逻辑，但是在本质上与西方项目治理或项目管理有很大差异。因为中国项目治理逻辑已经嵌入中国体制内部，与众多结构性要素相耦合，同时在一定程度上渗入权力结构变量中。回溯中国现代项目实践的制度化起源，"项目"一词在中华人民共和国成立初期因苏联援助的"156 项工程"等国家工业化计划而成为官方高频术语。当时的"项目"单指苏联对于中国单向输入援建的工业基础性项目。新中国成立初期，中苏签订了《中苏友好同盟互助条约》，之后随着国家"一五"计划的开启，我们所熟知的 156 个援助项目投入建设，如长春汽车第一制造厂、武汉长江大桥等大型工程都与苏联援助项目息息相关。但是，考虑到这种项目是一种外源单向输入性质同时兼具国家指令性质的建设项目，其完全是计划经济体制下的国家投资型项目，并没有足够的存续空间。因此，真正的项目制的形成应该从 1994 年分税制改革开始。如上文所述，分税制改革导致中央与地方之间财权与事权不匹配，中央政府汇集强而有力的财政实力，基层政府财力紧缩无力提供公共产品的供给，进而中央通过项目的形式把财政资金以专项转移支付与一般性转移支付的方式下拨给基层政府部门，同时地方政府配套资金，从而实现基层公共产品的供给。

本节主要是简单地回溯项目制之前地方政府公共产品是如何供给的历史，同时进一步梳理新中国成立之前、社会主义建设时期以及改革开放时期这三个阶段县域公共产品供给沿袭和变化过程。项目制作为一种国家治理方式连接了国家与社会两大领域，对于项目制历史沿革这一概念的讨论必然从国家与社会关系的框架上进行回顾和梳理。从传统国家过渡到社会主义国家建立的今天，国家与社会之间的关系从"强国家—弱社会"走向"弱国家—强社会"。首先，国家与社会之间的关系互动中，特别着重国家的权力对于社会的渗透，即国家对于社会的形塑，也就是强国家—弱社会。其次，焦点转换，主要强调社会价值与作用，并积极考察社会对于国家的影响，也就是强社会—弱国家。必须指出的是，国家与社会之间的关系转换是一个动态过程，且不是我们通常所说的国家与社会的对立关系。本节讨论重点不在于两者之间的互动关系，而在于国家与社会关系的视角下，认清基层社会的公共产品供给的现状，探究存在的问题，同时加以制度变迁回溯，显示问题的根源。

一、传统乡土社会公共服务供给

乡村治理是国家治理体系的重要组成部分，传统乡土社会经济（新中国成立前乡村社会）的自给自足特性，决定了乡土社会的治理主体、机构设置及权力运作方式。从政治史角度上看，中国历朝历代普遍侧重对于乡土社会的治理与管控，两千年前孟子论述了"民为贵，社稷次之，君为轻"的思想，在一定程度上强调了对乡土社会民众生活的重视，在这一时期，政治上表现为中央集权与皇权专制两大特征，在经济上表现为小农经济与重农抑商特征，其初衷是防范皇权旁落造成的国家战乱，因此皇权的目标是"弗远无届""如臂使指"，即皇权能及时传达到国家末梢，且底层民众迅速执行。但是，受限于客观技术条件，加之信息传递成本过高，致使国家行政资源无法负担这种沉重的管理模式，所以国家权力无法渗透入乡土社会，由此产生了"皇权止于县政"的说法。具体来说，以传统的郡县作为界点，郡县以上设置皇权政治系统，遵循皇权统治逻辑，郡县以下不设正式皇权机构，而其遵循着一套传统内生形成的权力逻辑。即乡土社会组织机构中，权力把控由地方乡绅、地主以及宗族威望较高的一群人担任，他们作为"皇权代理人"治理基层社会公共性事务，同时协同皇权共同统治。正如吴理财所言"乡绅们在乡村社会治理中产生着主导性的作用"。① 秦晖则把这一情境归纳为："国权不下县，县下唯宗族，宗族皆自治，自治靠伦理，伦理造乡绅。"② 由此，我们可以清楚看到中国传统乡村社会政治结构由双轨制构成：皇权主导下的官僚体制与依附于皇权体制下的乡村士绅自治。前者以自下而上的官僚层级一级一级依附于以皇权为核心的金字塔权力结构中，后者则以乡村"精英"阶层包括宗族、士绅、威望较高的族老等构成相对独立于皇权体制下的自治地区。马克斯·韦伯在《儒教与道教》一书所提及的"城市是官员所在的非自治地区，而乡村是没有官员的自治地区"③，印证了中国传统乡土治理结构以"县"为分界点，国家权力的触角延伸以城市为核心而不触及乡土社会（自成体系运转），进而形成两个相对独立的秩序中心。强国家特征主要体现在传统皇权对社会整体的控制能力上，其更强调国家对于社会资源的汲取以及配置能力。而国家权力的触角很难有效地延展到传统的乡村，更多依靠乡村内生社会秩序解决诸如乡村治安、村邻纠纷、农业设施维护等事务。这就衍生出了乡土社会公共服务自我供给的机制。

---

① 吴理财. 民主化与中国乡村社会转型 [J]. 天津社会科学，1999（4）：75-79.
② 秦晖. 传统十论：本土社会的制度、文化及其变革 [M]. 上海：复旦大学出版社，2010：60.
③ 韦伯. 儒教与道教 [M]. 洪天富，译. 南京：江苏人民出版社，2008：28.

二、社会主义建设时期的公共服务供给

中国共产党领导中国人民历经 28 年浴血奋战，最终取得新民主主义革命的伟大胜利，建立新中国。新中国成立伊始百废待兴，面临着极为复杂的局势，首当其冲的问题是稳固新生政权，新生政权的稳固必须获得广泛的群众支持，而中国共产党的性质决定了其切入点为在基层社会开展的土地改革运动。米格代尔认为，新生政权都会意识到变革土地所有权背后所潜藏的机会，作为土地所有者的农民面临着土地拥有和使用规则的剧变。[①] 从 1950 年年初到 1952 年彻底变革封建土地所有制为农民土地所有制。这场运动一方面摧毁了乡土社会治理结构，原生的地主、乡绅、宗族阶层被剥夺了世代传承的财产所有权，拉平了乡土社会以田产筑成的社会阶层，另一方面使农民从土改运动中无偿获得土地所有权，且没有附带的地租，农民在经济与阶层上赢得自由，自然而然对于这样的政权抱有强烈的认同感，这种认同感为政权合法性建构奠定基础。但是 1953 年后国际局势风云变幻，中央人民政府将战略目标定为以互助组、合作社等农业合作化运动形式重新组织农民，提高劳动生产效率，以农业生产剩余推动国家工业化建设与发展。要达到这个战略目标意味着国家必须将资源统筹分配，乡土社会则成为资源的提供方，为城市工业化提供重要积累。这一时段国家土地性质又发生了改变，即由土地私有化变成了集体所有，换言之，国家权力打破了传统的旧时生产方式，同时消解了网状社会的结构，从而按照自身意志渗入乡土社会来分配财产。这时私有化的小农变成了"人民公社"制度下集体的农民，农民没有所谓现代化国家给予的税收负担，只需通过生产队形式上交征购任务，这种方式帮助国家直接从农村提取资源，相对来说，剩余部分则被分配到农民手里，因此，国家没有在公共服务供给中承担直接的职能。在这样一种乡土社会，一切资源被国家掌控并服务于国家建设，乡土资源作为一种单向度输出长此以往并不能维持政权的合法性，且客观上乡土社会的基础设施建设以及公共产品供给需要国家出面担负。另外，原有

---

① 米格代尔. 强社会与弱国家 [M]. 张长东，朱海雷，隋春波，等译. 南京：江苏人民出版社，2012：39.

乡绅宗族组织在一定程度上为传统乡土社会提供公共服务，但是新生政权建立消解了乡土社会自我供给局面，造成了乡土社会公共服务的缺失，因此，新生国家必须主动填补基层公共服务的缺口。不可否认的是，虽然国家无法在资源上对农村进行补给，但其主要通过组织化机制、政治动员手段进行自我提供公共服务。基层乡土社会的农民被国家以组织化形式统合起来修建农村基础公共设施（如修建堤坝、开垦农田、修桥筑路等），在特定时间保证了农民对生产建设公共服务的需要。

综上所述，在这一阶段国家权力完全掌控了乡土社会，颠覆了传统意义上"皇权止于县"的政治格局，乡土社会原有的政治格局被打破，乡土社会与国家建立起一种前所未有的联系，国家对于农民大规模整合致使集体行动失去原有的理性。同时乡土社会行动具备高度一致特征，它犹如一支整齐划一的军队进退自如，乡土社会一切公共服务都由国家意志主导进行自我提供，其可以高效执行。不过其弊端也十分明显，正如奥尔森所言"个体的理性造就了集体的非理性"[1]，少数农民的"搭便车"行为不仅影响了公共基础设施建立，而且在不自觉的情况下损害了自身利益，同时国家意志主导的大规模群众运动不可持续，也不是国家基层治理常规手段，更无法满足乡土社会多元化的需求，最终这种国家意志主导的自我供给模式并未成为永续，它为后续国家体制的变革埋下了伏笔。

三、改革开放以来的公共服务供给

虽然人民公社基层政治体制满足了国家对于乡土社会的组织与动员，以及对于基层社会资源的汲取，但并不能因此认为这种制度具有可持续性。一方面，它成功抹平了阶级之间的隔阂，使得普通民众之间没有任何因财产多寡而导致的社会地位差距；另一方面，这种"一大二公"的生产关系明显不适应当时落后的生产力发展水平，只强调国家大规模的生产运动，忽视乡土社会个体化私人激励，且无法满足社会发展的专业化需求，同时这种个体自利性必然会挫伤整个集体大规模生产运动的积极性，致使基层公共服务陷入集体行动的

---

① 奥尔森. 集体行动的逻辑 [M]. 陈郁，郭宇峰，李崇新，译. 上海：上海三联书店，1995.

困境。面对这样的困局，国家不得不重新探索新的治理方式来激活人民生产的积极性。

1978 年年底，党的十一届三中全会的召开拉开了中国改革开放的序幕，家庭联产承包责任制逐步取代原有的人民公社制，同时也重塑了当时的政治社会体系。在这一时段，人民公社解体过程并未变更土地的性质，土地仍为集体所有，但土地的承包权与使用权归于农民，农民拥有了对农业生产剩余的控制权，成为独立经营的个体。换句话说，农民对于土地的责、权、利统一于个人，农民成为基层税费的承担者，国家成为农业税的收取者。除此之外，国家的行政权力逐步从乡土社会抽离，农村基层社会成为权力真空领域，农村基层公共服务组织被乡镇一级组织所代替。但是 1982 年重新修订颁布的《中华人民共和国宪法》首次提出在农村设立村民委员会，培育基层群众自治组织对于农村事务的自我管理，以弥补国家在乡土社会的权力真空。改革开放虽然在一定程度上解决了农民温饱问题，但并未扭转人民公社时期农村向城市单向度输入资源的境地，特别是农产品价格持续低迷根本无法满足农民基本生活需求，迫使农村剩余劳动力向城市转移，而村级公共事务不仅在财力上没有国家财力的辅助，在人力上更无法吸引村级"精英"。因此，为了解决农村公共事务以及提供公共产品等诸多问题，其收入来源主要有：其一是农业税的征收提成；其二是乡镇承担五项统筹，简称"五统"，包括教育附加费、水利道路费、民政优抚费、民兵训练费、计划生育费；其三是村级提留，其中管理费、公积金、公益金简称"三提"。这一时期通过"三提五统"、农村税费截留以及集资等多种方式维持村一级行政运作，乃至公共服务的供给。1991 年，国务院颁布实施《农民承担费用和劳务管理条例》，开始以国家法定条例的形式对农民承担基层税费与劳务做出规范标准的界定。这一时期，"三提五统"以制度化形式呈现。虽然农村基础设施与公共服务的供给与维护具有制度上的保障，但是国家依然在农村公共服务上承担较少的责任，人民公社时期一些社会公共工程停滞乃至废弃，且国家财政对农业总投资匮乏。正如林毅夫所言，1980 年，农村改革显著地推动农业进一步发展，在国家层面开始削减农业投资。[1] 中央政府在农村公共服务供给中所扮演的角色不断减弱，致使乡镇一级

---

① 林毅夫. 再论制度、技术与中国农业发展 [M]. 北京：北京大学出版社，1998：71.

政府缺少国家财政资金，乡政府与村集体在汲取农村资源和动员村级劳动力等多层面上与人民公社时期相距甚远，这时国家权力在乡村社会被很大程度地削弱。这一时期的农村公共服务，主要通过制度之外筹集资金来实现，如上文提到的"三提五统"与集资摊派等，直接由乡镇政府向农民收取费用，实际上异化成为农民负担。2000年，国家开始推行农业税费改革，逐步取消农业相关的税收项目，同时开启了对农村"三提五统"的免除以及对各种非法摊派集资等项目的打击，以维护农村社会安定，减轻农民经济压力。与此同时，国家战略目标调整为"工业反哺农业"，改变了农业公共服务非制度化筹资方式。原有的乡村社会公共服务的支出被纳入政府预算体系内，由各级政府一起分摊。所以从表面上看，项目制是由财政体制的变革引发的，在实质上源于一定历史阶段国家治理体制上的变化，其中，政府公共服务职能的变革是项目制产生的直接源头。

第五节　项目制市场化运作的效率激励

如果来自中央财政转移支付的项目由地方政府直接操作和实施，或者说通过科层制来完成，那么，地方政府特别是县乡政府不仅无力面对和完成如此繁重的任务，而且也会形成更多的权力寻租腐败和"公地悲剧"的低效率。所以只有在科层制之外加载市场竞争激励和产权约束机制，使项目制具有科层制与市场机制结构的运作属性，才有可能避免科层制直接运作项目的权力寻租腐败和"公地悲剧"的低效率。

项目制的管理主体由中央政府（职能部门）、省市政府（职能部门）和县政府（职能部门）等组成。其运作过程为：国家部委根据国家总体发展计划和政策目标编制项目指南，地方政府以投标的方式向上级政府申请项目，申请过程具有行政配置和自由竞争的双重属性。中央部委作为发包方，将项目管理权委托给地方政府，地方政府拥有自主性行政配置权和其他管理权，并对各类项目的各项事务实施条线管理。[①] 作为项目落地的运作主体，县级政府和职能

---

① 折晓叶，陈婴婴. 项目制的分级运作机制和治理逻辑：对"项目进村"案例的社会学分析 [J]. 中国社会科学，2011（4）：126-148，223.

部门既要担当项目"抓包方"即申请项目的角色，又要担当项目管理的主要角色，包括对项目的分配、监督和评估验收等，由此构成一个完整的委托—代理运作过程。

　　无论是针对省、县、乡镇等行政主体，还是针对申请项目的市场主体而言，来自上级的项目资源是公共资源，每个主体都具有获取和自主性使用的愿望，并在很大程度上忽视其效率。因为"属于所有人的财产是不属于任何人的财产"①，"公共财产会被不计后果地使用"②，这就容易导致不计成本地使用公共资源。一般而言，在缺乏契约精神的社会体系中，要解决公共资源使用效率低的根本办法就是对公共资源建立全面的私有产权③，并按照市场机制对资源进行配置与生产。所以沿着这一逻辑，中央政府为了避免项目资源使用的低效率，在科层制之外加载市场化机制，即竞争性项目配置（包括项目生产的竞争性招标）和项目资金配套，试图形成一种竞争条件下的有限产权激励和竞争效率。作为项目市场化运作的竞争机制存在两种结构，一种是政府主体间的有限竞争，另一种是市场主体间的完全竞争与不完全竞争。

　　首先，政府主体间的有限竞争结构。这种有限竞争是由项目"发包"和"抓包"所构成的。项目"发包"主要指中央政府"条线"部门将项目"发包"给省政府"条线"部门，省级"条线"部门又将项目发包给县级"条线"部门，并在省际政府中和县际政府中形成"抓包"的竞争，所以横向府际都在项目申请和关系动员上下足功夫。一是省际政府的竞争。虽然中央项目的分配主要体现国家政策意图，但由于相关部委在项目的分配上拥有集中的权力，所以省政府和"条线"职能部门要获得更多的项目，就要进行组织申报和关系动员，由此形成省际的竞争格局。二是县际政府的竞争。省级政府和相关职能部门获得项目以后要将项目发包给市县级政府，而市县级政府和职能部门就要向省级职能部门申请项目（抓包）。虽然项目"发包"与"抓包"是以

　　① GORDON H S. The economic theory of a common - property resource: the fishery [J]. Journal of political economy, 1954 (62): 124 - 142.

　　② LLOYD W F. On the checks to population [M] //HARDIN G, BADEN J. Managing the commons. San Francisco: Freeman, 1977: 8 - 15.

　　③ WELCH W P. The political feasibility of full ownership property rights: the cases of pollution and fisheries [J]. Policy sciences, 1983 (16): 165 - 80.

竞争的方式运作的，但这一过程具有明显的行政配置意图和特定条件要求。比如土地整理项目，有些山区因为拥有特定的山地资源而可能获得更多的分配额度，相反，有些地区可能只有很少或者没有额度等。同时还给企业和村社提供申请项目的竞争机会，由此形成县际甚至镇际和村际的竞争①（由于项目主要落地到县级政府和职能部门，地级市政府和职能部门虽然涉及相关项目管理，但主要承担项目的申请服务和监督职能，所以在此并没有纳入分析）。由此可见，这种政府主体间的有限竞争不具有市场上自由竞争的性质。

其次，市场主体间的完全竞争与不完全竞争结构。市场主体间完全竞争是指项目申请时各相关主体存在竞争，项目落地后同样要通过市场化竞争招标即市场主体间的竞争方式加载到市场主体中，由市场主体即项目承包方负责项目建设和生产的一种方式。此类项目大多数属于农村公共设施项目，其特点是项目实施者（承建者）与项目所有者在一般情况下是分离的，并且单个项目资金额度超过一定的数量，比如大于10万元额度的项目，就要进行招标实施。在理论上，这是一种市场主体充分竞争而富有效率的方式，具体运作过程为：作为政府的委托方（县级主管项目的职能部门）把项目建设的发包权委托给代理方（第三方），即政府主导的公共资源交易中心；然后公共资源交易中心根据国家招投标的法律制度进行招标，而市场主体根据招标规则进行投标，胜出者获得项目建设的承包权，委托方掌握着项目建设的监管和验收权。这种市场化的资源配置具有产权清晰和竞争性等特点：一是项目建设承包者是独立的市场主体，具有明晰的产权结构，在获得项目建设承包权后有权按照市场的资源配置规则和项目的具体要求完成项目；二是招标有竞争性，通过竞争招投标降低项目的生产成本，胜出者既能给出较低的投标价，又能够按照项目的要求提供产品；三是项目通过招标加载到承包者后，政府管理主体退出项目的生产，但保留项目的部分监督权和验收权，由此避免政府主体渗入市场，影响市场的资源配置，造成项目生产效率的损失。

不完全竞争结构是指有些资金总额较小，低于招标数额要求的项目（比如低于10万元）并不通过市场竞争招标的方式加载到市场主体之中，而直接

---

① 折晓叶，陈婴婴. 项目制的分级运作机制和治理逻辑：对"项目进村"案例的社会学分析[J]. 中国社会科学，2011（4）：126-148，223.

由项目申请者负责项目实施的一种方式。在此类的项目实施上，申请者具有很高的自主性，既可以自己实施项目，也可以委托第三方实施项目。这是基于减少招标成本而形成的一种制度安排。由于在此类项目的申请上存在各相关主体之间的竞争，所以将此类项目界定为不完全竞争类型。除此之外，在此类项目中还有一种衍生型"奖补"项目，比如水产和生猪养殖、果园和苗木基地建设等，这类项目的申请者既是项目的实施者，又是项目的拥有者，所以"奖补"项目比任何类型项目更具有明晰产权的激励性。

项目资金配套既是项目竞争性基础要素，也是产权激励因子。中央政府在项目"发包"时对地方政府设立了项目配套资金的条款，要求地方政府主管部门在项目完成上担负"连带责任"。① 其主要功能是：一方面，中央激励地方政府争项目，放大杠杆效应，以促进地方政府实现中央政策意图，整合中央与地方的关系；② 另一方面，中央政府希望通过地方自有资金的嵌入使项目资金夹杂"自我"的因素，试图形成一种激励、自我监督和自我约束，从而防止公共资源在末端的流失，保证中央项目资金的使用效率。特别是对于产权明晰的个人项目而言，无论是前期的项目配套还是后期的"奖补"，更能避免公共资源无效率使用的结果。

对于地方政府而言，配套资金主要来源于地方财政投入、企业自有资金、金融机构融资以及其他渠道获得的资金。③ 作为协调中央与地方财政关系的一项重要制度，项目配套可分为对称性配套和不对称性配套，或者说对称性转移支付和不对称性转移支付。对称性配套是指项目"发包和抓包"时要求地方政府拿出一部分的资金予以配套，以共同承担某些项目的建设。而不对称性配套是指项目"发包"和"抓包"时并不要求地方政府（或下级政府）拿出配套资金。④ 决定项目对称性配套和不对称性配套的主要因素是项目的性质类型和地域性的经济发展水平。不过，必须指出的是，有些农村经济发展项目的

① 折晓叶，陈婴婴. 项目制的分级运作机制和治理逻辑：对"项目进村"案例的社会学分析[J]. 中国社会科学，2011（4）：126 – 148，223.
② 狄金华. 项目制中的配套机制及其实践逻辑[J]. 开放时代，2016（5）：113 – 129.
③ 狄金华. 项目制中的配套机制及其实践逻辑[J]. 开放时代，2016（5）：113 – 129.
④ 折晓叶，陈婴婴. 项目制的分级运作机制和治理逻辑：对"项目进村"案例的社会学分析[J]. 中国社会科学，2011（4）：126 – 148，223.

"奖补"方式实质上是一种配套形式,因为农户的先期投入就是一种配套。其效率不是通过竞争性发包(生产权)产生的,而是通过明晰的产权激励即项目的申请者、所有者和生产者三位一体产生的。在理论上,这类项目最能保证中央项目资金的使用效率。

所以,项目制的完全与不完全市场化竞争和配套机制的设计实质上就是试图通过市场化的竞争和产权激励以解决中央财政资源的使用效率问题:一方面,保证国家政策意图的落实和政治合法性的提高;另一方面,利用经济手段激发地方政府促进农村经济发展和提供更多公共产品的积极性。这些年来,虽然项目制作为一种国家治理体制发挥了政策引导和配套资金的搅动功能,在一定程度上平衡了中央与地方的关系,但项目制在实践中并没有按照理论预设的那样产生效率,其内在结构的固有悖论(权力与市场的对接)和相关要素的影响导致项目制的效率损失。

第三章

县级项目制运作系统与功能

　　前面我们具体解释了分税制、汲取型政府向服务型政府转化是项目制形成的条件动因。但在回答项目制如何在县级系统效率损失之前，有必要首先回答项目制整体运作过程，只有图景再现整个过程，我们才可以清晰了解"如何能够"影响项目制绩效，即在项目制与绩效损失之间搭建逻辑关联。系统分析县一级项目制运作不仅要从基本理论探究，还需要基于现实的实践状况阐释县级项目制真实情况，才能把握基层复杂机理与存在的问题。带着以上问题，笔者在湖北省山县进行了两个月的田野调查。之所以选择山县为田野调查的目标，原因有三：一是山县是国家级贫困县，国家项目与各个部门项目相对较多。山县 2018 年决算公开目录显示，2018 年山县全县财政收入约 6.5 亿元，而国家一般性转移支付约 16 亿元，专项转移支付约 7 亿元。其国家转移支付资金约是地方财政收入的 4 倍，这也印证了周飞舟所谓的"财政资金的专项化使得大量财政转移支付滞留在县（或县级市）一级"①。二是山县是笔者家乡邻近县市，调研得到县政府的配合，地域相邻、文化相近、习性一致给予调研很大便利，这为笔者理解项目运作过程中效率损失样态提供了参照。三是一级项目能够更加清楚地凸显绩效损失，同时有效规避因为样态特殊导致理论建构与经验事实存在明显偏差。

---

① 周飞舟. 财政资金的专项化及其问题 [J]. 社会，2012 (1)：1 - 37.

第一节　山县概况

　　山县位于湖北省东南部，幕阜山脉延长线的北麓。该县南邻江西两县，东接湖北某县，北连咸宁市，西部与湖南某县接壤，是鄂赣湘三省交界处。山县自北宋时期设立，隶属古鄂州，在明朝时山县为楚王封疆之地。曾经的山县，为国家级贫困县，但是山县人民奋勇前进，已经搭上经济发展快速通道，在2020年退出了国家级贫困县名单序列。山县是湖北省著名旅游、避暑胜地，由于其原生态自然景观保护良好，加之山县境内没有大型重工业厂区，因此其被文化和旅游部评为第二批国家全域旅游示范区。山县是一个集丘陵、山区、省级边界区为一体的国家级贫困县，全县 2680km^2，县域内辖 8 镇、4 乡、1 个开发区、1 个管委会，共 187 个行政村，常住人口约 38 万人，年财政收入6.5 亿元左右。在 2012 年获得"湖北省省级贫困县"脱贫项目之后，山县政府就将县域内乡镇经济发展规划与扶贫项目资源紧密结合起来。

第二节　县级政府项目运作过程的实证考察：
　　　　以中部山县农业项目为例

　　折晓叶指出："行政统合权所延伸出来的政治机制是非常规的权力运作方式，目的在于绕过传统科层制束缚，通过政治动员增加治理灵活性，使得组织抑或个人权威跨越层级以及规则设计而产生影响力。"[①] 国家通过项目制的实践在科层制体系基础上，凭借行政统合权对地方政府和基层组织进行引导，从而强化地方政府的资源整合能力，最终贯彻及彰显国家意志。在项目制下，中央政府首先通过《项目管理指南》明确项目资源使用方向，其具有政治决策的性质，比如乡村振兴项目、精准扶贫项目、教育项目等，都是在依照中央政府意志推行。正如古德诺所言，"政治是国家或者政府意志表达，行政服务于

---

　　① 折晓叶. 县域政府治理模式的新变化 [J]. 中国社会科学，2014 (1)：121-139, 207.

政治，并贯彻政治意志"①。中央政府意图或者说意志由省级政府承接，其通过项目对省级政府进行转移支付，同时省级政府部门也会设立专项项目指南，决定省内项目类型与特性或者说项目资金的使用方向。从中我们可以看到，中央政府设立项目由省级政府承接，省级政府设立项目由地方政府（县级）承接的程序基本一致。地级市经过审批、备案等形式化流程之后，县一级政府承接省级项目或者说政策意图，负责县域内项目建设，乡镇、村一级是项目末梢，是项目最直接的受益者。项目资源自上而下下沉的"块块"状权力结构说明了不同层级政府之间的权力与支配权限问题，我们不仅要从"块块"结构自上而下审视项目制，还需要从"条条"结构上检视项目制。首先，中央各个部委确立本部门的项目指南，对项目申请、审核、立项、实施、评估做出一系列的说明。其次，由各个部委通过业务条线向省级部门相关行政单位发包项目，同时明确要求地方政府有项目资金配套给予项目支持，如折晓叶和陈婴婴所指中央发包—地方打包—村庄抓包的项目运作机制就体现出这一要求。② 在"条条"结构上，中央部委发包项目具有专项性特点，同时这些项目顺着"条条"层级最终归口到县级相关部门，由县级相关部门贯彻部委项目资金使用意图。

　　从"条条"与"块块"中可以看出，县一级在项目运作中处于非常关键的位置，其不仅是项目承上启下的枢纽，更是实现项目再组织的空间与场域，有利于实现利益最大化。③ 按照项目制理性化设计，中央政府或部委种种项目在县域境内汇集之后统一由县一级政府以及职能部门管理（在县域—乡镇—行政村—农民四个层级中传递），并由政府或者职能部门通过市场化"发包"的方式招投标竞争产生工程承包商。众所周知，项目制在县域之下的运作极为复杂，因此，自县一级角度俯视项目制申请运作过程更能透视出县域—乡镇—行政村—农民层级传递过程中的效率损失。

　　由上文可知，县域以下分级运作机制分县域、乡镇、行政村、农民四个层级。县一级政府项目制运作过程通常有着以下运转过程。首先，周飞舟认为县

　　① 古德诺. 政治与行政：政府之研究 ［M］. 丰俊功，译. 北京：北京大学出版社，2012：128.
　　② 折晓叶，陈婴婴. 项目制的分级运作机制和治理逻辑：对"项目进村"案例的社会学分析［J］. 中国社会科学，2011（4）：126－148，223.
　　③ 折晓叶，陈婴婴. 项目制的分级运作机制和治理逻辑：对"项目进村"案例的社会学分析［J］. 中国社会科学，2011（4）：126－148，223.

域滞留了大量财政转移支付资金①，折晓叶和陈婴婴强调了县域是项目运作中的关键位置，是项目"再组织"的重要环节点②。县级政府拿到中央部委或者省级项目资金之后，结合国家与省市政府的政策意图及地方发展规划对项目进行"策略性"运作，即县一级政府以遵从上级政府项目意愿为基础，切合实际制定地方实施方案，既满足国家意志的贯彻执行，又契合地方自身发展诉求，最终形成了"以县为主"的公共产品供给模式。③ 之所以会形成这种管理格局，其原因在于县级政府部门是典型的科层制体系，是科层制体系形成的重要表现，专业化分工的形成需要相应的专业化技术人员，韦伯认为专业化分工能够有效地处理科层制体系内部纷繁复杂的各项问题。④ 县级政府官员的专业化有助于他们迅速了解国家项目政策并做出反应。县级官员大部分基于本地就任，对于县域范围情况有整体把握，可以合理分配项目资源。接着县级政府发布项目信息，即项目具体内容、财政拨付方式、项目类型。项目包括普惠性项目与竞争性项目。普惠性项目即所有符合条件的农民或者农村都可以申请的项目，如农业综合补贴，通常按照实际播种面积对承包农户进行无差别补贴；又如新型农村养老保险，凡超过 60 岁的农村人口，每人每月最低养老金为 70 元；再如农村合作医疗，农民参加合作医疗，中央与地方财政补助达每人每年 420 元。竞争性项目是由基层组织即乡镇村民自下而上申请基础设施等建设项目，再由国家财政投入建设，地方一般需要配套资金。乡镇村民提出申请，县级政府项目主管部门对基层组织申报材料统一管理。之后，项目主管部门对普惠性项目进行统一拨付，而对竞争性项目通过县一级公共资源交易中心进行招投标，同时组织县委相关部门机构、行业专家或者第三方专业评估机构开展项目可行性论证会议，审议地方乡镇村民项目申报方案，并报由县委常委会决议审批。获批的基层项目申报组织根据项目申请书实施方案投入量落实项目，并接受县级主管单位监管。最终，由县级项目管理部门抽调人手，结合省级条线部门单位以及项目有关专家小组成立项目验收小组，对项目最终成果进行评估

　　① 周飞舟. 财政资金的专项化及其问题兼论"项目治国"[J]. 社会，2012，32（1）：1 - 37.
　　② 折晓叶，陈婴婴. 项目制的分级运作机制和治理逻辑：对"项目进村"案例的社会学分析[J]. 中国社会科学，2011（4）：126 - 148，223.
　　③ 李祖佩. 论农村项目化公共产品供给的组织困境及其逻辑 [J]. 南京农业大学学报（社会科学版），2012（3）：8 - 16.
　　④ 丁煌. 西方行政学说史 [M]. 武汉：武汉大学出版社，2006：46.

验收。概言之，县域项目制运作过程分为项目申报与评审、项目实施与监测、项目总结与评估三个阶段。

一、启动阶段：项目规划与项目申报

项目的启动阶段在整个县级项目运作过程中起着举足轻重的作用，是贯彻中央政府政策意志的重要环节，一旦项目规划不合理，即使项目发包方政策意图再好，项目工程建设尽善尽美，也很难实现国家项目用意。这一阶段项目资金落实到县一级之后，县级政府根据地方发展需要，对中央或省市级项目进行"二次发包"，即合理分配专项项目资金过程。

（一）制定县级年度项目规划

县级政府通常依照历年的财政预决算情况，同时结合县各局下一年的项目预算，拟定下一年的项目投资建设计划，接着县人大审查评议报送省市进行审批决议，同时省市依据县历年财政收支情况向中央部委申请项目指标，一旦项目指标落实到县下一年项目规划上，专项项目资金必须贯彻实施且不得腾挪他用。山县 2018 年决算公开目录显示，山县 2018 年一般性转移支付 162216 万元，专项转移支付补助收入 70476 万元，而其公共财政收入 65615 万元。因此，县级政府对于下一年项目资金计划特别重视。

2018 年，山县为深入贯彻落实《省人民政府办公厅关于创建建立贫困县资金整合机制实施精准扶贫的意见》（鄂政办发〔2015〕63 号）、《省财政厅关于贯彻落实〈省人民政府办公厅关于创新建立贫困县资金整合机制实施精准扶贫的意见〉的通知》（鄂财农发〔2015〕127 号）精神，有序推进 2017—2018 年度全县统筹整合资金实施精准扶贫工作，将政府各种项目建设与精准扶贫勾连，并以此为方向建立项目年度指标计划。政府有责任，更有义务施政帮助贫困人口脱离贫困，其重要原因在于农村弱势群体自身没有能力，而社会发展或者说社会结构性变革给予弱势群体带来生存的威胁。米尔斯指出，普通人不会感知自身生活模式和世界历史发展之间有着纵横交错的关系，他们通常没有能力应对私人困扰以控制普通隐伏背后的结构转型。[1] 2018 年，山县计划

---

[1]　米尔斯. 社会学的想象力 [M]. 李康，译. 北京：北京师范大学出版社，2017：1-8.

统筹使用财政专项资金112797.1万元（见表3-1），主要用于支持精准扶贫、精准脱贫。①统筹整合财政专项资金80895.1万元，用于支持精准扶贫"六个一批"项目和支持贫困村及非贫困村"九有"项目建设。②统筹整合财政专项资金13902万元，用于支持落实中央、省、市、县提出的精准扶贫政策。③金融资金。撬动银行信贷资金15000万元，用于支持全县贫困户发展产业信贷资金。对于精准扶贫项目规划，其中包含项目根据提前报备乡镇需求建立项目库，同时制定年度乡镇扶贫帮扶指标。以贫困村通村公路项目为例，其项目申请程序是：村一级自下而上向乡镇政府提出申请建设，乡镇政府审核挑选出符合项目库要求的行政村，提交至县一级发改委和交通局。县级发改局与交通局审查完成之后，报由省发展改革委、省交通厅联合复核，最终报由国家发改委和交通运输部终审。项目确定之后，纳入国家财政预算范围，并逐步自上而下传达正式建设计划。

表3-1　2018年山县统筹使用财政资金用于精准扶贫计划情况统计　　单位：万元

| 资金主管单位 | 资金名称 | 总计 | 对接项目 | | | | | | 备注 |
			小计	中央	省级	市级	县级	其他	
合计		112797.1	111155.1	28831.8	56050.25	548	25425.05	300	
交通局	农村公路建设资金	2205			2205				
水利局	农村人饮建设资金中央预算内部分	753	753						
住建局	农村危房改造	1050	1050						
民政局	一、对接项目整合资金 农村低保	5534	3867	1418			249		
	农村五保供养	1895		1690			205		
	城乡困难群众医疗救助	1860	679	1079			102		
	城乡困难群众临时救助	1200	946	254					
	困难残疾人生活补助及护理补贴	1000	358	367			275		
	各类困难人群参加医疗保险缴费补助	618.82	548.15				70.67		

续表

资金主管单位	资金名称		总计	对接项目						备注
				小计	中央	省级	市级	县级	其他	
民政局		重度残疾人群参加养老保险缴费补助	44.92					44.92		
		城乡孤儿基本生活费	185			185				
		各类困难人群住院减免起付线	1200	870	198			132		
		各类困难人群提高10%报销比例	2500	1813	412			275		
扶贫开发有限公司		精准扶贫易地搬迁专项资金	48500.66	4978.7	41062.5			2459.46		
文体新局		基层公共文化设施建设资金	236	236						
教育局	一、对接项目整合资金	薄弱学校改造	3200	3200						
		2017年支持学前教育发展中央和省级资金	74	74						
		2017年普通高中免学费补助	162	81	81					
		2017年普通高中国家助学金补助经费	240	138	102					
		2017年中等职业学校国家助学补助经费	92	58	34					
		2017年中等职业学校免学费补助经费	125	78	47					
		2017年义务教育生活补助	1016.7	508.35	508.35					

续表

资金主管单位	资金名称		总计	对接项目						备注
				小计	中央	省级	市级	县级	其他	
供电公司	一、对接项目整合资金	农村电网改造	7203		1440.6	5762.4				
	对接项目整合资金		80895.1	21676.8	55405.25	0		3813.05		
扶贫办	二、硬整合	财政专项扶贫资金	5300	3658	3401	257				
市财政		贫困村公路建设	408				408			
		2018 年出列村奖励	140				140			
		公财收入增量15%	867					867		
		移民局存量	1270					1270		
		省纪委驻村工作队存量	815					815		
		2016 年农机购机补贴存量	650					650		
		劳动就业资金存量	2100	2100						
		残保金	10					10		
		农业综合开发	1009	721	288					
林业局		天然林、公益林资金	224	224						
住建局		农村危房改造	709	709						
教育局		城乡义务教育综合奖补	100		100					
社会扶贫		枣阳市对口帮扶	300						300	
硬整合			13902	12260	7155	645	548	3612	300	
人社局	三、信贷资金	产业扶贫小额贷款	15000					15000		
		创业担保贴息贷款	3000					3000		
信贷资金			18000	0	0			18000		

资料来源：根据山县财政局 2018 年度项目扶贫资金使用情况整理而成。

（二）民意收集基础上的项目申报

国家通过项目制形式向农村投入资源为农民建设基础设施与提供公共服务，农民作为受益者缺少发言权，加之农村公共产品具有差异性、多样性特征，无法进行标准化，而单向资源输入的方式，不能调动农民自身的积极性。加之国家主导的项目具有行政化特性，很难灵活满足有些地方实际的需要，造成落地项目与农民实际需求之间存在差异，这就会导致"迎检逻辑"与"服务逻辑"之间的冲突，也就是政绩逻辑与农民真实需求之间的张力增大。[①] 对于民意如何收集的问题，我们在调研中访谈了某村村委书记，大致情况如下：

> 在项目的申报前期阶段，村委会一般是项目立项的申请主体，书记挂帅作为总负责人带领村干部协调项目所有大小事务。民意收集是县委要求必须走的程序，这个过程比较复杂，按照正常程序，村干部要了解民情民意，比较具有代表性的村小组组长提出意见，以及一些亟待解决的问题。接着就是开村民代表大会，一起向村民们汇报关于项目的议题，征求村民们的意见与建议，这个特别耗费精力。你们也晓得，我们村委一年行政活动经费只有两万元。一旦广泛收集村民的意见，比如修路，好多村民说路为什么不通到自己家，还有村民说修路占用自己的田地，但补偿怎么只有这么点儿，这种扯皮打架层出不穷。所以，我们一般都是村两委骨干成员收集村民意见，并经过商讨后制定方案。民意主要来自骨干成员们收集意见后整合的思路想法。

这段访谈的背后蕴含着这样几层含义。首先，县级政府明确要求了项目申请之前充分考虑村级组织收集的村民意愿；其次，村级组织自身拥有民意收集的机制，包括村民小组会议、村代表意见收集。考虑到现实中村一级行政运转经费紧张，没有采取此种机制。在这种背景下，村领导决策者对于村一级情况的整体把握，相当于对民意进行收集。

---

① 张良. "项目治国"的成效与限度：以国家公共文化服务体系示范区（项目）为分析对象 [J]. 人文杂志，2013（1）：114－121.

二、组织阶段：项目竞争与立项条件

如前所述，县一级对于农村项目制转移支付通常有两种形式，一种是普惠性转移支付，另一种是竞争性转移支付。这种普惠性项目即一般由县级政府直接分配的项目，如农业综合补贴，一般由村一级组织邀请乡镇领导与县级农业农村局领导丈量村一级实际播种面积，初步拟定补贴对象，接着农业农村局制作相关材料提交县级相关分管领导审核，然后报由省级农业农村厅复核备案，并通过财政厅下拨补贴资金到县级财政局，由县级分管领导与农业农村局领导签字确认之后，县级财政局直接将每亩补贴 500 元发放给补贴对象。而大多数项目都需要经过横向乡镇或村自下而上申请竞争招投标才能获得。竞争性项目相对于普惠性项目要复杂得多，这里主要讨论竞争性项目。

（一）县一级主导的项目分配

上文已经阐述了县级政府在项目申请过程中起着十分重要的作用，从县级层面项目的程序化申请、竞争性分配、招投标以及监督管理全部都与县级政府部门发生着紧密的关系，其在某种程度上印证了李祖佩的研究，即项目制在事实层面上是"以县为主"的农村公共服务供给方式。[①] 但是，不管县一级申请到如何庞大的项目资金量，也满足不了乡镇政府对于项目资金的需求。因此在有限项目资金的条件下，乡镇村如何运作才能获得县级项目资金便成了其工作重心。对于项目具体如何分配，我们以通村道路访谈为案例进行梳理。

一般来说，县一级道路项目自中央、省市政府下达到县里之后，县级交通局一般会根据前期全县整体规划以及乡镇村的意见统一分配项目。但是，最终哪些乡镇村会得到道路硬化项目，涉及情况就很复杂了。首先不可能一口气全部解决全县道路硬化问题，毕竟资金量有限，这是县领导与基层干部的共识，有多大资金量就办多大的事情，当然我们会根据道路轻

---

① 李祖佩. 论农村项目化公共产品供给的组织困境及其逻辑 [J]. 南京农业大学学报（社会科学版），2012（3）：8 - 16.

重缓急通盘考虑。比如，人民要求强烈、人口聚居较多、车流量巨大等情况，我们都会优先考虑规划。还有其他因素需要综合考虑，如道路开发难易程度、原先道路基础、地形地质条件、基层资金自我筹集等。相反，道路开发难度大、原生态居民极少、投资巨大但产生经济效益小的，肯定不在当年规划范围内。

从中我们可以获悉县级项目分配的过程。首先，县级项目的分配主导权在县级部门，其决定了项目安排最终落实到地区，所以乡镇村与县级部门的互动就显得尤其重要。其次，县级部门虽然掌握着项目分配权，但是其项目分配逻辑遵循着经济效益、政治效益、社会效益、生态效益等因素，在通常情况下，原生条件较好的基层获得项目的概率非常大。

（二）乡镇政府的横向项目竞争

当县级政府拿到中央、省市政府下达的项目政策之后，就会对乡镇村发布关于道路硬化项目信息，乡镇村会根据县级项目政策要求提交材料，包含项目申请书、可行性报告与评估等材料。决定乡镇村是否能拿到项目，其中最为重要的是如上所述县级政府所考量的一些因素。乡镇一些负责项目申请的工作人员坦言："县级项目总共只有那么多，就像太婆家的田地，每个儿孙都想来分一块，我们县里这么多乡镇村都眼巴巴望着这些有限项目资金。"因此，乡镇横向之间项目竞争较为激烈。

有时，市一级领导会关注县级一些项目的情况。在乡镇项目竞争过程中，也会在一定程度上掺杂社会关系与地方人情等因素。尽管可能涉及较多的资源投入与人脉协调，但项目申请最终能否成功，不仅依赖于这些外部因素，更取决于乡镇村原有申请的基础条件为优良。

三、执行阶段：项目落地与工程验收

（一）引入市场机制项目招投标与建设

当项目落地在某乡镇之后，项目正式进入建设阶段。对项目进行公开招标是项目进入乡镇村的实质性标志。在项目制背景下，项目工程建设通常将市场化竞争机制嵌入其中，其表现为县级相关政府部门作为发包主体，把项目纳入县级公共资源交易中心，以公开招标形式将工程发包给市场承建商，再由中标的独立市场承建商负责具体施工建设。项目招标是政府与市场连接的关键节点，山县规定 50 万元以上的项目必须通过招投标流程。项目招投标整个过程为：首先，政府为招标人委派招标代理机构，由招标代理机构全权代理整个招标过程，发布相关招投标信息，即项目概况、招标范围，如表 3-2 所示。

表 3-2　项目概况与招标范围

项目概况	项目规模	工程静态投资 3000 万元
	主要内容	山县洪港河杨林段河床淤积严重，河道两边基本无防洪工程，现状防洪能力严重不足，导致洪涝灾害频发。需进一步完善流域防洪体系，提高防洪能力，保障防洪安全，促进该区域经济、社会、环境的可持续协调发展
	建设地点	山县境内
招标范围	工作内容	完成勘察（测）设计任务：初步设计、招标设计及技施设计任务（含变更设计）、各阶段的验收工作，编制地勘报告及设计报告
	标段划分	本次招标拟划分为 1 个标段
	服务周期	36 日历天

资料来源：山县河道整理项目招标公告。

然后，由市场承建商即投标方按照招标文件要求购买标书，并提交投标方案以及工程报价，投标文件必须按照要求密封和加写标记，同时按照要求递交文件时出示授权委托人的二代身份证和法人授权委托书以供招标人检查，才能参加项目投标活动。而且从山县洪港河杨林段治理工程勘察设计招标公告可以看出，此项目对承包商有资质要求，具体如下：

（1）具有独立法人资格；

（2）同时具备建设行政主管部门颁发的水利行业（河道整治）工程设计专业乙级及以上设计资质、工程勘察（岩土工程或水文地质）乙级及以上资质；

（3）拟投入本项目的勘察、设计负责人具有相关专业高级及以上职称；

（4）近三年（以投标截止日往前推 36 个月）有河道治理工程设计业

绩（证明材料为合同协议书）；

　　（5）投标人须在湖北省水利建设市场主体信用信息平台建立信用档案后方可参与投标。

　　可见在县级部门组织招投标程序中，对投标方有门槛要求，其项目资金量越大，则要求标准与资格越高。从某种视角上看，招投标过程中竞争机制给予项目建设良好的促进作用。接着，由招标代理机构在县级公共资源交易中心主持开标活动，开标过程严格遵循国家招投标程序，由权威公证机构公证承包商标书密封完好，过程公平、公正、公开。经过以上程序确认无误之后，由招标代理机构工作人员在资源交易中心内当众开启投标人所有标书，并宣读投标人名称以及投标价格。最后，招标方即县级相关政府部门组织高校专家、第三方专业评估机构代表等成立评标委员会，给投标方标书打出综合评标分，并按分数高低依次排序比对标书，确定中标单位。公证机构当场宣读中标机构，并公证此次招投标活动有效，同时未中标的投标方们如有异议，可在三十天内向市级公共资源交易中心提起申诉。招标方与中标单位在三十天内签订项目建设合同，并在合同内规定开工与完工日期。

　　项目的招投标过程是市场化竞争嵌入科层制体系中的桥梁与纽带。在整个项目制运作过程中，招投标行为体现了完全的市场化竞争因素，其过程剥离了行政化因素，全部由市场主导，其本质就是科层制系统利用完全竞争化市场机制实施自身目标的过程。当政府主体发包给市场项目建设主体过程完成之后，市场主体（项目承包商）必须严格按照项目建设的程序与要求投入建设并保证工程稳步推进。因此，图景展示项目建设一般程序也必不可少。

（二）项目实施与绩效评估

　　从项目前期准备过程、项目动工进程与监督以及项目完工与验收整体来看，项目建设过程有以下六个阶段。

　　第一，编制项目规划书。项目规划书即实施整体工作内容、进程、实施方案等。

　　　　工程项目建设内容为：加固李渡河堤、明水河堤、石梯岭河堤等3段堤防共3.521 km，新建排水闸1座，护岸1.486 km，工程概算总投资3555.18万元。具体包括土方开挖、土方回填、浆砌石挡墙、干砌石防护、涵闸混凝土、草皮护坡等。主要工程量为土方填筑 14.92 万 m³，土方开挖 7.58 万 m³，混凝土 1200 m³，草皮种植 6.52 万 m²，浆砌石 2.14 万 m³，抛石 1.18 万 m³。工程施工总工期为 7 个月。

如山县某项项目规划书部分所展示，项目规划以及确立带有如下几个特性：①项目建设往往以公益性为主。项目资金源于国家专项转移支付资金，其最终服务于广大人民群众，一般以基础设施建设项目为主，同时具有投资额巨大、周期长等特点，以提高区域发展水平为宗旨。②资金额度庞大，同时伴随着潜在风险。项目资金一般由中央政府与地方配套资金共同构成，基础性项目（如水坝、河道等）常常需要庞大的资金量。必须指出的是，这种投资建设一旦出问题，对于地方发展将产生摧毁作用，其后果可能影响社会稳定，因此项目可行性方案往往会被反复审查与评估；同时，建设过程中的监督与竣工后的审查都是工作的重中之重。

第二，编制可行性研究报告与评估。即项目方案的实施操作性，如项目实施是否科学，技术路线与未来计划进度安排是否合理，以确保项目实施平稳发展，同时项目施工完成后的预期社会效益也不可忽视。

第三，上报审批，项目建议书递交给招标方以后，招标方组织人员进行审批，若发现项目存在可行性或合理性问题，招标方与项目中标方磋商调试修改方案设计。

第四，编制项目预期成本，即承包商根据基本要求和规格标准估算项目成本。

第五，项目实施。严格遵循"四制"管理制度实施项目。

1. 项目法人制。山县人民政府以《县人民政府办公室关于同意变更富水干流（山县段）防洪治理近期工程项目法人代表的批复》（山政办函〔2017〕27 号），专门成立富水干流（山县段）防洪治理近期工程项目法人。法人代表为水利局总工李某。项目部内设工程组、财务组、安全组，工作人员从县水利局内部调配。按照"各负其责、互相配合"的原则，明确各个小组的工作任务和工作目标，形成领导挂帅、部门负责、分工明确、细化任务的工作机制。

2. 招标投标制。2017 年 9 月，该项目在宁市公共资源交易中心公开开标，主体工程及重要配套建筑物通过招投标，确定了有相应资质的施工企业——S省水利工程局有限公司和监理单位——南昌某工程监理有限责任公司，富水干流（山县段）防洪治理近期工程为1个标段，招投标程序规范。

3. 建设监理制。本项目管理部2017年10月与南昌某工程监理有限责任公司签订监理合同，监理责任落实，工地常驻3名监理工程师，严格控制工程质量、进度和工程款拨付，按建设程序对工程进行全程监督。

4. 合同管理制。项目法人与各参建单位签订了总金额3152万元合同，其中设计合同4份、施工合同1份、监理合同1份、检测合同2份、征地合同5份。各款项严格按合同执行，在合同履行过程中未发生合同争议。

第六，竣工验收与绩效评估。竣工验收是项目完成落实的最终阶段。县水利局与财政局绩效评价旨在对山县富水干流（通山段）防洪治理近期工程中央财政水利发展资金项目资金使用情况进行绩效分析，总结经验，找出问题，提出改进建议，完善提高中央财政水利发展资金管理水平，强化项目资金支出绩效管理与监督，及时准确反映项目资金使用效益。考核办法采用百分制。

根据《2017年度富水干流（山县段）防洪治理工程资金绩效评价评分表》，2017年度中央财政水利发展资金项目在预算执行、总体验收报告拖延、绩效管理不健全等方面扣12.2分，最终得分为87.8分，综合评价结论为良好。评分结果如表3-3所示。

表3-3　评分结果一览表

评价项目	评价分值	评价得分
投入管理	10分	10分
过程管理	28分	21.2分
产出管理	40分	34.6分
效益管理	12分	12分
满意度	10分	10分
合计	100分	87.8分
评价等级		良好

第三节 县级项目制运作功能优势与不足之处

项目制作为一种新型国家治理体制，体现的是新型的公共治理逻辑，其初衷是：在科层制外寻求新型的资源分配方式，促进缓解财权事权不平衡、提供公共服务等一系列目标的实现。从我国湖北南部地区山县项目制运作过程可以看出，县级政府提供基层公共服务通过国家外源性资源输入以项目制形式运作，并借助行政吸纳形成常规的服务供给机制。[①] 由于项目制在运作过程中会遇到执行障碍和潜在问题，致使项目制功能弱化，直接影响到了制度的效率。但不可否认的是，项目制依附在专业化分工的科层制体系中，从而国家资源可以绕过行政层级，使资源直接输入基层社会，实现中央支持农村发展的意图，让基层村民增强对国家的认同。在某种意义上，这意味着国家权力对乡村社会的"回归"，而且这种"回归"具有高标准化、高技术化和高程序化的特征。[②] 各种惠农项目的申报都需要通过设计严密的管理系统，经过申报、立项、监管、考核及验收等一系列理性程序[③]，呈现出很强的"技术治理"色彩。对于传统自上而下的科层制指令性授权，以专业化分工、等级制和非人格化为特征的政府组织形式为分割管理模式的形成奠定了基础，成为支配公共行政的常规组织形式。[④] 初看上去，按照政府机构职能的实质分类，其组织职能比抽象的结构更清晰，也更容易理解。[⑤] 项目制的技术性治理更强调横向间竞争性授权，县级政府掌握着"发包权"，下级乡镇政府由于其资源匮乏不得不依托县级"包裹"资源维持政府运转以及提供公共服务，可以说在某种程度上调动了基层乡镇政府、村级组织"抓包"的积极性，同时也加强了县级政府的行

---

① 应小丽. "项目下乡" 发生与发展的政治社会学阐释：一个功能主义的分析路径 [J]. 浙江师范大学学报（社会科学版），2014（1）：75-82.

② 景跃进. 中国农村基层治理的逻辑转换：国家与乡村社会关系的再思考 [J]. 治理研究，2018（1）：48-57.

③ 渠敬东. 项目制：一种新的国家治理体制 [J]. 中国社会科学，2012（5）：113-130，207.

④ 林登. 无缝隙政府：公共部门再造指南 [M]. 汪大海，吴群芳，等译. 北京：中国人民大学出版社，2002：24.

⑤ 唐斯. 官僚制内幕 [M]. 郭小聪，等译. 北京：中国人民大学出版社，2006：46.

政"权威"。项目制有助于中央、省市政策意志的贯彻与实施及中央对地方的监督，并绕开地方政府的"块块"，强化了垂直部门的"条条"权力①，因而具有节约政府治理成本、激励地方政府活力等优势。

一、项目制的技术治理及其优势

美国项目管理协会对项目的定义是：项目是为了解决某一特定问题而临时开展的组织动员形式，其目的在于利用限定资源在规定时间内最优地完成提供某一特定产品或服务的一次性任务。在政治方面，项目制本应具备如下功能。

首先，提供公共服务，增强政权的合法性和正当性。提供公共服务是政府的内在属性和基本任务，也是履行公共管理职能的重要途径，政府能够在多大程度上满足民众对于公共产品的需求直接影响到政权的合法性。绩效合法性思维（thinking of performance legitimacy）是县级公共服务项目运作的理论基础，中国经济奇迹的主要动力与当前体制的合法性都源于绩效合法性。② 项目制与中央政府及地方各级政府对于政绩合法性的理念恰好契合，同时也顺应了部分政府官员追求短期绩效的心理。这与一些学者提出的政治晋升体制（political tournament）密切相关。在体制内压力层层传导下，晋升体制对看重仕途发展的地方官员形成强大的激励机制。上级政府因成为影响基层官员晋升与任命的关键，得以凭借晋升条件引导基层官员推动地方经济发展，并为民众供给公共服务。在此过程中，中央政府获得绩效合法性，基层官员也获得有助于晋升的政绩成果。目前，学者认为：不仅经济增长给予政府绩效合法性，而且公共服务也能给予政府绩效合法性。项目制融合了行政体制和市场体制的力量，既可以按照市场经济的规律敏锐感知民众最迫切的需求，又可以利用行政手段干预和规制自由市场，克服市场调节的诸多无效率因素，从而高效合理地提供公共产品和服务。必须指出的是，以下案例中所使用的项目不是折晓叶和陈婴婴所

① 桂华. 项目制与农村公共产品供给体制分析：以农地整治为例 [J]. 政治学研究，2014（4）：50 - 62.

② 杨宏星，赵鼎新. 绩效合法性与中国经济奇迹 [J]. 学海，2013（3）：16 - 32.

讨论提出的中央部门"发包"、地方政府"打包"、基层"抓包"的过程①，而是县级政府向市场"发包"的项目。其行政与市场手段体现在项目建设的效率上。例如，在该项目建设之前，王明璠府第因年久失修处于烂尾状态，由于没有上级资金支持，王明璠府第这块山县旅游的金字招牌一直未能打出去。当山县领导以参观的名义提出引入王明璠花海乐园项目，项目当即获得立项，王明璠府第马上进行翻修。从政府的角度进行剖析，以项目制形式提供公共服务最终是为了满足基层人民利益的需求，不仅可以提高基层人民的生活水平，而且可以推动区域经济发展，具有明确的单一目标、高效便捷的服务、权责分明等优点。

> 吴田村距县城不足2km，拥有国务院文物保护单位王明璠大夫第，该村振兴项目凸显王明璠大夫第的旅游资源优势，积极引入社会资本打造县旅游产业新名片。

> 某领导实地视察了引入的王明璠花海游乐世界项目的建设推进情况。据悉，投资1.2亿元的王明璠花海游乐世界项目流转500亩荒山，计划打造集"四季花卉展示、亲子休闲游乐、田园养生住宿、艺术文化交流"于一体的生态休闲旅游度假栖息地。项目的落户除了能为当地群众带来丰厚租金和大量就业机会，建成后，每年预计可吸引50万~100万名游客，还可以为地方发展第三产业提供充足的客流和商机。2019年8月，项目已完成村民公约（流转）和土地流转协议的签订，正强力推进清表平基工作。某领导充分肯定了吴田村乡村振兴项目"文物保护、环境优化和市场开发三结合"的发展思路。

其次，形成不同于传统科层制的公共管理新范式。专业化分工是韦伯研究传统科层制的逻辑起点，为科层制理论的形成打下了坚实基础，而高度专业化分工的形成需要具备一整套稳定技术规范条例以及相应的技术人员，韦伯认为专业化分工能有效处理科层制体系内部各种烦琐复杂的问题。② 在中国政府内部管理体系中，建立在专业分工基础上的职能划分并不一定有助于提升政府运

① 折晓叶，陈婴婴. 项目制的分级运作机制和治理逻辑：对"项目进村"案例的社会学分析 [J]. 中国社会科学，2011（4）：126–148，223.
② 丁煌. 西方行政学说史 [M]. 武汉：武汉大学出版社，2004：77.

作效率。中国政府治理模式的典型特征是集中与分散相结合的，两个看似矛盾的方面在治理实践中实现了有机结合：一方面，高度集中的体制能够在一定程度上弥补管理的分散；另一方面，管理的分散也可以有效缓解集中体制的压力。① 正如现有研究所解释的那样，项目制作为国家一般性与专项转移支付资金的载体，其目的是：第一，绕过政府层级，使项目资金直达基层贯彻中央政策意志；第二，弱化财政分权导致的"块块主义"与"诸侯经济"。② 正如美国学者戴维·伊斯顿的"黑箱理论"论述的那样，民众的需求与政策输出之间往往存在分歧与差异，政治的意义就在于通过对"社会价值的权威性"分配来尽可能地弥合这种分歧与差异。③ 实际上，通过引入市场竞争机制嵌入项目制提供公共服务（社会价值的权威性分配）是项目制的应有之义。在项目工程建设过程中，最为显著的表现就是县级政府通过招投标的形式将工程发包，而市场经营主体则通过竞争取得工程项目建设权，县级相关部门对于项目工程发挥着监督管理作用。山县的项目实践验证了这一点，在山县项目工程建设中，如农地整治、水利项目、新农村建设项目等，由于其涉及资金量庞大，项目涉及公共利益等，因此，在建设时一般由县委或者县委相关部门领导出面来体现领导重视。领导重视不仅可以整合各种资源，使项目得到充分竞争，从而提高项目资金效率，而且在资金使用上，县政府可以迅速拨付。因此，这种新公共管理的主要特征是引入商业管理的理论、方法与技术，通过市场竞争机制来提升公共管理水平与质量。霍姆斯和尚德认为，相对于传统的科层制，新公共管理具有如下特点：①新公共管理是以结果为导向的战略决策方法，其主要强调政府提供公共服务的效率以及服务质量。②传统的科层制政府组织层级分明，自上而下传导信息，层级过多导致政策扭曲及迟缓，为了解决这种矛盾，必须下放管理权限，实现社会内生自我管理与自我服务。换言之，"金字塔式"权力分布结构被打破，取而代之的是分权制衡管理环境，使得政府提供的资源配置与服务最终接近市场服务功效，因此可以强化群众以及社会各种利益团体满意度。③在研究方法上，新公共管理可以节约行政成本，从而探索

---

① 朱光磊. 中国政府治理模式如何与众不同：《当代中国政府"条块关系"研究》评介 [J]. 政治学研究, 2009 (3)：127-128.

② 渠敬东. 项目制：一种新的国家治理体制 [J]. 中国社会科学, 2012 (5)：113-130, 207.

③ 伊斯顿. 政治生活的系统分析 [M]. 王浦劬, 译. 北京：华夏出版社, 1989：32-33.

灵活多样或者多层次公共产品供给。④重点关注公共服务提供主体的权利与责任相对应，强化主体问责由此成为提高服务绩效的关键，这必须强调及明确绩效目标控制，也就是明确组织或者个人具体负责的任务与目标。⑤新公共管理强调引入私营部门的市场化竞争机制，从而打破传统的政府垄断服务，进而实现多元化公共产品的供给。⑥政府应该转变职能定位，使其是服务者而非管理者，从而能够快速、灵活及有效地，低行政成本地应对政府外部环境变化，同时对外在多元利益诉求做出回应。传统的科层制已经难以承担公共服务的巨大压力，必须寻求与社会力量的合作。项目制将市场机制引入公共管理之中，同时从工商管理中借鉴了许多工具性的做法，力图形成更加科学有效的公共管理新范式。

最后，促进中央集权和地方分权博弈之下政治体制的良性运作。项目制的重要目标之一就是解决分税制下央地财权和事权的不平衡，通过项目制，中央可以加强对基层社会的控制，将资金支持直接送达县乡，以便增强中央政策对于地方的影响和渗透，使传递到基层的政策意图更接近本意。①

湖北某工程造价咨询有限公司受山县农村饮水安全工程领导小组办公室的委托，于2019年11月4日对"2019年山县农村饮水安全巩固提升工程管材采购项目"（招标编号：TSXZFCG－201910005）公开招标。现在就本次招标的中标最终结果公布如下：

一、项目名称：2019年山县农村饮水安全巩固提升工程管材采购项目。

二、采购内容：管道材料、阀门、三通（PE）等及相关配件采购（具体内容和相关要求详见招标文件）。

三、招标媒体公告：《山县公共资源电子交易平台》（http：//xnztb. xianning. gov. cn：9003/tsweb/）。

招标公告日期：2019年10月12日至2019年10月18日。

四、评标结果信息：

开标日期：2019年11月4日上午9时。

开标地点：山县公共资源交易中心第二开标室（山县教育局十楼）。

---

① 李祖佩. 项目制的基层解构及其研究拓展：基于某县涉农项目运作的实证分析 [J]. 开放时代，2015（2）：123－142.

五、中标信息：略。

六、公告期限：自本公告发布之日起 1 个工作日。

七、对于相关中标结果如有异议，可以在公布信息七日之内提交书面质疑函。

八、本次招标联系方式：

1. 招标代理机构：山县天鸿美庐 B - 102 号。联系人：曹工。

2. 招标人：山县农村饮水安全工程领导小组办公室。地址：山县洋都大道花园路。

开标结果公告如表 3 - 4 所示。

表 3 - 4　开标结果公告

名　次	第一名	第二名	第三名
中标候选人名称	唐山某塑料制品有限公司	福建某塑业新材料有限公司	保定市某塑业有限公司
地址	河北省唐山市玉田县	福清市渔溪镇渔溪村	河北省保定市顺平县
投标报价	253.030768 万元	258.87256 万元	263.09819 万元
供货期	合同签订生效后 7 天内交货（一年内完成所有交付）	合同签订生效后 7 天内交货（一年内完成所有交付）	合同签订生效后 7 天内交货（一年内完成所有交付）
质保期	验收合格后 3 年	验收合格后 3 年	验收合格后 3 年
质量目标	达到相关验收合格标准	达到相关验收合格标准	达到相关验收合格标准

资料来源：由山县公共资源交易中心调研获得。

注：评标委员会成员为孙某（组长）、王兴某、李尚某、王素某、谭某。

在经济方面，项目制具备如下功能。

首先，促进央地联动，提供公共服务。项目制试图通过直接下达专项资金和分配项目资源的方式，提高公共服务的水平。党的十八大报告设立专门章节论述民生建设的理念，要坚持把国家基础设施建设和社会事业发展重点放在农村，加大强农惠农富农政策力度，全面改善农村生产生活条件。党的十九大报告延续了十八大关于改善民生的理念，深入开展脱贫攻坚，保证全体人民在共建共享发展中有更多获得感。2019 年，党的十九届四中全会进一步指出，不断保障和改善民生、增进人民福祉，走共同富裕的道路具有显著制度优势。不管是党的十八大、十九大抑或是十九届四中全会宗旨，都说明了国家对民生问题高度重视，而对民生问题高度重视的背后，实际上显示出我国经济发展过程中，由区域经济水平的差异造成的公共服务差异。由于公共服务水平主要由当地的经济发展水平决定，在经济发展程度低的地区，如山县 2018 年地方公共财政收入不到 7 亿元，其公共服务建设必然难以满足人民日益增长的物质文化生活需要。因此，项目制依附于科层制中的一系列政策意图，如提供资金支持，鼓励地方提供资金配套，促进公共服务事业的建设。①

　　其次，缩小城乡差距和地区差距，促进平衡发展。项目制作为一种财政转移支付的手段，具有平衡城乡和地域发展的功能。在现阶段以经济为中心的背景下，地方政府处于理性经济人角色，往往把财政资金投入在见效快、周期短、政绩显著的事业上，即能够迅速树立典型亮点或者提升空间巨大的项目，容易产生雪中送炭的宣传效果，造成城乡与区域之间经济水平的差异。为此自 1994 年分税制改革以来，国家对于基层财政的汲取明显加强，基层财力资源紧缩，农民所承担的财政负担增大，削弱了农村和农民的发展潜力。加之市场经济体制下劳资矛盾的频发导致社会分化严重，矛盾加深，不利于社会的稳定。因此，项目制旨在回馈以农村地区为主的广大基层社会，调节社会分化，平衡各方利益。项目制的倾向性政策有利于带动落后地区的发展，改善各地区的不平衡现状，使得改革和发展的成果为全体人民共享。此外，项目制有利于促进基础设施建设，改善投资环境，吸引内资外资，带动当地经济发展，促进就业，提高人民生活水平。

　　最后，拉动内需，缓解经济结构性问题，为经济增长注入活力。自改革开放以来，中国的经济增长始终依靠投资、消费和出口这三驾马车联合带动，如今在消费和出口疲软的情况下，加强投资尤其是基础设施建设成为保持经济快速增长的主要推动力。项目制作为扩张性经济政策的重要组成部分，能够通过专业化、权威化和专项化的渠道将国家用于调控经济态势的大量资金运用于特定的社会经济领域，促进基础设施建设，推动经济增长，改善经济结构。

---

① 渠敬东. 项目制：一种新的国家治理体制［J］. 中国社会科学，2012（5）：113 –130，207.

二、县级项目制运作的不足之处

然而，在项目制的运作中，各方出于理性经济人的考虑，对政策进行了一定程度的"变通"，由此产生了一些始料未及的后果。

首先，项目制的主体之间存在权力寻租。寻租活动是指人类社会中非生产性的追求经济利益的活动，或维护既得的经济利益，或对既得利益进行再分配的非生产性活动。[①] 不同的学者对于寻租定义不同，布坎南曾提出过三个层次的寻租理论，对于解决我国这种不发达市场经济体制下的权力寻租问题具有重要的借鉴意义。在不发达的市场经济体制下，一旦信息流动的不对称阻碍资源的流动就会产生租金。当政府过多干预微观经济造成某种垄断地位，经济当事人能够以高于市场的价格获利时，第一层次的租金便产生，该种租金由政府获取。这主要发生在政府主体向市场主体发包过程中。其主要与项目信息发布的透明度、项目的流动性以及现有的获取项目方式联系紧密。在调研中，我们发现项目发包过程中的真实状况是："我们县里，50 万元以上的项目，都需要进入招投标中心进行竞争性招投标，而对于 50 万元以下的项目，原则上需要招投标，但由于项目金额数目太小，通过公共资源交易中心招投标容易造成项目资金损耗，对于项目工程实施产生影响，因此，低于 50 万元的项目工程一般通过县级政府部门指定性发包，尽可能减少损耗。"由此可见，这种制度不健全为市场留下了创设租金的空间。指定发包给予县级管理部门更多自由裁量权，也就是操作空间。当然，政府可以采取所有项目招投标的方式公开拍卖特权，避免租金问题的产生。第二个租金在第一个租金的基础上产生，可以通过给予政府官员由竞争决定的工资和津贴，同时最重要的是设计出这样的各种制度，允许和鼓励通过创造更多的消费者剩余而创造租金的那些竞争形式，打击那些志在获取和保留现存租金的竞争[②]，以抑制这一层次租金的产生。前两个层次的租金出现后，第三个层次的租金即会产生，在将这些租金归还给财政预

① 杜春林，张新文. 项目制背景下乡村公共产品的供给嵌入与需求内生：不完全契约理论的分析视角 [J]. 广西民族大学学报（哲学社会科学版），2015, 37 (1)：157 – 162.

② 缪勒. 公共选择理论 [M]. 杨春学，等译. 北京：中国社会科学出版社，1999：300.

算和通过预算分配时，个人和群体有可能进行疏通活动或直接参与政府决策，以制订有利于自己的计划。项目制的寻租活动主要以第一种为主，同时也促使了另外两种寻租的发生。

其次，项目准入门槛较高，马太效应加剧。中央希望鼓励地方对项目提供资金支持并积极投入，妥善完成项目制的各项工作，因此要求地方提供配套资金或前期投入，但这限制了很多地区的进入。此外，由于项目运作成果需要接受考核，故出于项目成本与收益考虑，同时为更好地迎接检查与验收、完成项目任务、体现部门政绩，有利于部门官员升迁，地方政府和拥有项目分配权的上级政府倾向于将项目分配给具有成功经验的申请者，申请方的能力是比需要更重要的考虑因素，如项目资源往往一方面优先向前期基础良好的村庄投放，以便树立典型、扩大影响；另一方面优先考虑基础最为薄弱的村庄，从而产生"雪中送炭"的宣传效果，这就是折晓叶和陈婴婴所提出的"抓两头"①，这种项目投放策略具有明显的工具理性，在项目资源的公平性与合理性方面考虑不足，导致一些真正需要项目扶持的地区没有得到支持，从而使国家资源没有最大效率地实现国家政策意图。加之为使项目达到理想效果，拥有决定权的部门在分配项目时以及项目执行者在选择执行方案时都倾向于将多个项目置于一个亮点地区，以便彼此借力，在这种政绩本位思想的指导下，本应促进地区之间平衡的项目制必然加剧马太效应，使得强者愈强，弱者愈弱。② 正所谓不患寡而患不均，一些未能获得项目支持的村干部与村民往往会因资源分配的差异对基层政府、县级职能部门产生一些意见。项目制应该在工具理性与价值理性之间寻求平衡，在寻求效率、效果、政绩的同时，需要从宏观层面考虑项目资源分配的合理性与公平性。

最后，有些项目制未真正促进当地经济发展，反而加重经济负担，甚至导致集体负债。项目制本应通过投资带动当地经济增长，促进就业，为当地民众带来切实利益，然而在政绩本位思想的影响下，有些当地政府只关心数据成果和迎检效果，或将项目工程当作上级政府下达的任务，着力打造"雪花膏"

---

① 折晓叶，陈婴婴. 项目制的分级运作机制和治理逻辑：对"项目进村"案例的社会学分析 [J]. 中国社会科学，2011（4）：126-148，223.

② 付伟，焦长权. "协调型"政权：项目制运作下的乡镇政府 [J]. 社会学研究，2015（2）：98-123，243-244.

工程，却很少考虑设施建成过程中如何改善当地经济状况，以及设施建成后如何为民众带来实惠。有些当地政府则强制民众按照政府的要求参与项目，给民众造成了沉重的经济负担，甚至集体负债。渠敬东曾指出，应警惕"项目系统风险"：专项资金的增量越大，政府的公共投入越大，地方投资经营的范围就越广，借贷性融资的力度也越大，最终由此形成一个以项目为枢纽的金融资本链条，甚至会将最基层的社会领域也裹挟进去。①

　　同时，在项目制运作的过程中，其政治功能也受到了一定程度的弱化。首先，部分公共服务未使人民真正受益，建立服务型政府的效果不佳。项目制因其能在短期内显著提升政绩的特点而受到一些政府官员的欢迎。桂华的研究指出，技术治理对于县级及其以上层级是有效的，可以通过审批、立项、检查验收等项目程式化方式进行控制，从而实现层级管理的技术性和程序性。但是在项目落地过程中，则需要面对县级以下的乡镇、行政村，需要对接数量庞大的农民。基层乡村社会的复杂性、多样性、地方性往往会消解技术治理的专业性和程序性。② 进而言之，项目末梢即项目村级建设，需要协调好村庄各方利益关系，县级职能部门在人力、精力和能力方面无法做到这一点，通常需要乡村两级组织协助。为了有效调动乡村两级组织的积极性，县级就必须在项目实施过程中对其形成激励机制。但是这种激励机制没有制度化渠道，因为项目资金是由县级职能部门管理，由公共资源交易中心竞争性招投标产生的项目承包商具体使用，为了保证项目资金专款专用的特点，乡村两级组织不可能有机会直接接触项目资金。另外，在项目经费预算中一般也没有列支乡村两级组织的劳务费用与协调费用。质言之，从制度化渠道来讲，项目落地于乡村之后对于协调项目的乡镇干部以及村一级干部来说是没有任何经济利益的，有些县一级职能部门为了调动乡村两级组织参与的积极性，同时有的政府官员出于理性经济人的考虑，在一定程度上利用国家对于项目制的经济和政策支持而建设政绩工程等。这类似于戈夫曼所描述的"有礼貌的不关注"的表面尊重。③ 此外，国家本意是通过项目制促进各级政府由汲取型向服务型转变，但由于存在一些权

---

①　渠敬东. 项目制：一种新的国家治理体制 [J]. 中国社会科学, 2012 (5)：113 - 130, 207.

②　桂华. 项目制与农村公共产品供给体制分析：以农地整治为例 [J]. 政治学研究, 2014 (4)：50 - 62.

③　戈夫曼. 日常生活中的自我呈现 [M]. 冯钢, 译. 北京：北京大学出版社, 2008：41 - 46.

力寻租导致不公平竞争以及重视个人政绩而轻视人民利益等问题，政府转型的成效受到一定程度的消极影响。

其次，新的"块块垄断"倾向产生，而新型公共管理范式建立仍须加强。项目制试图通过专业化的部门体制突破单位制和科层制的束缚，在原有条块之外开辟新的条块统合模式，削弱因财税改革造成的"块块主义"，从而集中贯彻民生政策及促进经济发展。此外，项目制试图将市场的优点注入公共管理范式，以便提高公共管理水平和公共服务质量。然而，项目制实际上需要借助原有的单位制和科层制来发挥作用，故当"新条条"试图限制"旧块块"的扩张时，不仅使部门系统本身形成了"新块块"，同时也促使"旧块块"用全新的办法迅速组建"新块块"，容易形成以部门为基础的项目"垄断"集团。①

最后，对于央地关系的协调不当，体制负担加重。项目制试图绕过各级政府的层层限制，将优惠直接送达基层社会，从而缓解分税制改革后央地力量对比失衡的状况。然而行政中间层在连接上级政府和基层社会方面发挥着制衡、协调和监督的重要作用。项目制"架空"了中间层政府在具体项目上的权力，也在一定程度上弱化了其化解冲突、缓和矛盾的功能，导致治理风险及行政负担上移，体制负担加重。本意是调节中央权力过强的局面，反而进一步加强了中央权力，造成新的治理问题。此外，项目制的专门化管理赋予了项目强大的政策特权，淡化了组织机构运作的常规性规范，易出现偏离正轨的现象。②

在社会方面，项目制本应改善农村社会原子化的现状，在一些地区它却没有使农村社会组织缺位的问题得到缓解。所谓农村社会原子化，其实质是国家权力自乡村社会退场之后的基层社会整合能力降低，农民往往处于孤立的境地，无法与政府和市场中的正式组织进行有效对接，这将降低农村的社会资本，造成村民的组织观念涣散，阻碍国家政策的执行，制约农村社会的未来发展，降低制度绩效。我国正面临农村社会的过疏时代，农村青壮年劳动力大量流失，出现了空巢老人和留守儿童等一系列社会问题。农村社会的原子化问题主要源于两方面，首先是乡土社会因发展水平较低和发展机会较少而导致的人

---

① 周雪光. 项目制：一个"控制权"理论视角 [J]. 开放时代，2015 (2)：82 – 102.
② 尹利民. 也论项目制的运作与效果：兼与黄宗智等先生商榷 [J]. 开放时代，2015 (2)：143 – 156.

口流失，其次是农村社会组织力量薄弱，调节和整合能力较低。政府有责任、有义务利用项目制缓解这一矛盾，空巢老人和留守儿童这样的弱势群体自身没有能力来适应社会结构性的变革给弱势群体带来的生存压力与社会边缘化。项目进村可以拉动当地经济增长，吸引外出人口重返农村社会。且项目制带来的利益自然会引发分配问题，村民对于公共事务的关心会有所增强，促进新公共性的产生和发展。此外，项目的运作需要社会力量的参与，这给农村社会组织提供了广阔的用武之地。加之项目制提供的部分公共休闲娱乐场所可以丰富村民的业余生活，促进交往和联络，增强社会资本，抵制原子化趋势。① 然而，部分项目执行不当，导致村庄集体负债，使村民不得不离开村庄而进城打工，人口流失问题加剧。而项目资源的所有者为避开中间层的制约，便将权力的触角直接伸向个人，使国家权力直面个体小农，导致出现"强国家—弱社会"的局面。国家对于村民的纵向影响力加强，而村民之间的横向联系减弱，原子化态势难以逆转，而公共服务的供给不足或不当也使得促进联络和交往的效果减弱，这一趋势是国家在执行项目制之时应当予以考虑和督管的。

---

① 李云新，袁洋. 项目制运行过程中"示范"断裂现象及其解释 [J]. 华中科技大学学报（社会科学版），2015（5）：62–70.

第四章
山县农业项目效率耗散与
"科层制—市场化黏性结构"

　　财政资金专项化使得大量财政资金转移支付滞留在县（或县级市）一级，乡镇财政的预算资金一般也由县级政府的各种职能部门来进行分配。[①] 从中我们可以看出，县级部门不仅掌握转移支付资金，且乡镇财政大权也由其掌控，这在一定程度上强化了县级部门对于乡镇一级政府的管辖，进而加深了县乡两级政府组织之间的联系。然而，尽管有大量项目资金进入县域，但是对于具有庞大基层人口数量与广袤地域的乡镇而言，用现有的项目资金弥补县级公共服务不足总是显得捉襟见肘，这种"僧多粥少"的现象一直都存在于项目资源争夺之中。因此，在项目制的实际操作中，部分人员利用制度上的漏洞、权力资源操控项目以及争取一切可以争取的关系，成为项目资源耗散的关键影响因素，从这些因素上进行归结，我们可以图景化展示项目耗散现象的主要原因。同时对这些内容的剖析，有助于我们从制度、结构或者行为上克服项目资源的耗散，以提高项目制的效率。本章主要通过县级项目资源分配过程来展现项目资源耗散中的权力、结构、制度等关键元素对于项目资源耗散产生的影响。通过对项目落地后的实际调研，我们会发现一些项目资源的分配并不是以制度化的渠道进行，因为项目落地到村级过程中项目资源更多的是通过非制度化的渠道进行竞争，因此不存在分配的问题，但是存在项目资源使用的方向以及选择问题。也就是说，项目资源下沉过程中会出现资源效率的耗散现象。

---

① 周飞舟. 财政资金的专项化及其问题：兼论"项目治国"［J］. 社会，2012（1）：1－37.

第一节　制度与项目效率耗散

每一种制度分析方法首先要考虑或者说要回答什么是制度，怎么定义制度。由于制度含义过于广泛，对于制度的定义，学科之间有着很大差异。因此，我们借用马奇和奥尔森从制度特征的角度所下的定义："制度不必是正式的结构，而最好被理解为一种规范、规则、协定和惯例的集合，制度包含了众多指令性程序，它们运用规则从中加以选择，能使其成员不顾与自身利益的冲突，也要履行制度成员的义务。"[1] 我们运用县级部门实际上运作的制度进行实体化论述，如从项目资源的分配、使用和建设等几个相关方面开展讨论，而非从微观层面对制度进行阐释。

一、项目资源投入与基层配套制度

项目制这种以"条线"体制为依托，以项目为载体的资源配置方式形塑了一种有别于传统"单位制"的新国家治理体制[2]，在这种体制下，中央对地方采用的制度激励与动员对于实现国家项目意志变得格外重要，因此，中央部委在项目"发包"时，要求地方政府"抓包"项目需要配套资金予以支持，并要求地方政府相关部门对于项目整体运作过程肩负"连带责任"。[3] 即当中央的项目资源通过科层制给地方政府转移支付时，需要地方政府自筹资金予以配套，以共同承担中央"发包"项目的建设。而地方政府配套资金来源比较复杂，主要是地方政府历年财政收入、地方融资平台融资、地方国企自有资金以及其他渠道获得的资金。这种地方政府配套资金机制在某种程度上可以充分调动地方政府的积极性，引导政府筹集地方财政资金，以地方财力支持国家项

---

① MARCH J G, OLSEN J P. The new institutionalism: organizational factors in political life [J]. American political science review, 1984 (78): 738–749.

② 渠敬东. 项目制: 一种新的国家治理体制 [J]. 中国社会科学, 2012 (5): 113–130, 207.

③ 折晓叶, 陈婴婴. 项目制的分级运作机制和治理逻辑: 对"项目进村"案例的社会学分析 [J]. 中国社会科学, 2011 (4): 126–148, 223.

目政策意图。对于中央政府来说，项目配套机制不仅可以缓解中央财政压力，而且在制度上可以激励地方政府参与中央规划建设。但是，部分地方政府的现实情况是根本没有足够的财力来满足配套资金的要求。阿维纳什·K. 迪克西特（Avinash K. Dixit）指出，不能因为其表层上没有效率，就武断对之进行替代，而应该分析组织与交易制度，并发现能够与这些交易成本相匹配的机制，同时考察它们运作的效果。① 我们在山县就发现上级政府在检查项目过程中遇到了项目资金配套不足额问题。

　　4 月 20 日，市农发办考评组一行来我县检查 2016 年农业综合开发工作，对工作取得的成绩给予了一定肯定。考评组先听取了工作汇报，并全面细致地检查了资金与综合管理台账，随后深入南桥镇大港畈高标准农田建设项目区，察看项目建设管理情况。考评组指出，我县农业综合开发工作始终以农民群众的根本利益为落脚点，严格执行国家农业综合开发政策、资金管理使用规范，做到专人管理、专账核算、专款专用，项目建设质量高，检查验收要求严。下一步，希望财政配套资金及时足额落实，农发办将督促施工单位在保证质量的前提下，进一步抓紧在建项目施工进度，确保顺利通过省级和国家级的抽查验收。

从县级政府角度上看，县级相关部门无法筹集足额配套资金似乎有着自己的理由，也实属无奈。山县属于国家级贫困县，财政收入不到 7 亿元，更没有财政能力拿出足额配套资金。而在这种情况下，为了能完成上级交办的任务，在项目的具体实施过程中，其就需要把资金配套的任务往下压，即要求项目落地的乡镇抑或村组织配套资金。这样便形成了项目资源享受目标群体享受项目受益的"门槛"。②

　　8 月 4 日，闯镇生态旅游公路项目启动推进会在县行政服务中心举行。县委常委、组织部部长胡某某，副县长沈某某，九管局副局长徐某某出席会议。记者从会上获悉，该旅游公路改建项目，起点位于闯镇与 209 省道相交处，沿宝石河向南，终于小源北侧，全长 30.5 km，项目概算总

---

　　① 迪克西特. 经济政策的制定：交易成本政治学的视角 [M]. 刘元春，译. 北京：中国人民大学出版社，2004：27.

　　② 邢成举，李小云. 精英俘获与财政扶贫项目目标偏离的研究 [J]. 中国行政管理，2013 (9)：109 – 113.

投资 1.66 亿元。全线按照双车道二级公路标准建设。该旅游公路项目的启动对于我县完善路网建设、推动旅游以及带动沿线经济发展有着重要意义。副县长沈某某指出，要提高认识，高度重视。我县是全域旅游示范创建县，"某某旅游景点"是我县一个重要旅游品牌，把这条线路建设好对我县旅游事业的发展有着重要意义；沿线各乡镇和相关部门要密切配合，形成合力，强化措施，崇尚实干，做好杆线迁移、征地协调等工作；要积极筹措资金，审计部门要跟踪审计，各负其责，履职尽责，共同把这条路修好。县委常委、组织部部长胡某某强调，该项目得到了省市的高度重视，同时也是县委县政府"三抓一优"的重点项目，是我县全域旅游的需要、老百姓发展致富的需要；沿线乡镇和相关部门统一思想，提高认识，团结协作，真抓实干，力求高效，集中优势兵力，将该项目攻坚战打好。施工专班、协调专班、配套专班、审计专班、效能专班、维稳专班各成员单位要加强履职尽责，对项目进度实行一星期一通报制度；项目施工过程中要做到严格规范操作，全力确保施工安全，争取该旅游公路项目早日建成，早日发挥效益。

在调研过程中发现，县一级政府分解项目配套资金，不仅是出于县级资金有限的因素考量，同时也是模仿中央政府配套制度，为了调动乡镇政府的积极性，增强乡镇政府的责任感。从乡镇政府角度看，其设立的项目配套"门槛"成为乡镇项目申请的客观阻碍，因此县乡两级利益博弈过程中，乡镇政府在申请过程中会采取一系列策略性行为措施。一是讨价还价，"变通"执行。乡镇领导对于项目配套资金执行压力很大，本身乡镇一级财政资金全部依靠县级财政转移支付，加之大多数乡镇几乎没有内生性财政收入，只有明着说投入配套资金，实际没法投入。二是通过乡镇政府向银行或者金融平台借贷，获取配套资金。在访谈中，我们进一步了解到一些所谓"变通"的策略性行为过程，山县某部门领导谈道："为什么下面的乡镇积极争取项目资源呢？因为项目资源是需要配套的，下面乡镇村组织不得不通过各种借贷手段获取配套资金，县一级给予乡镇的行政运转经费也就是人头经费，一年才 3000 元。这点儿钱能拿来干什么？他们下面不努力申请项目拆借资金，乡镇政府日子根本没法过下去，你在下面根本看不到书记或镇长，他们基本在县级部门到处跑，也是为了拿到各种项目。"从这段话可以看出：第一，一些乡镇由于没有创造财力的能力，从乡镇一级的财政情况来看，其财政空壳化与负债化极为严重，乡镇村一级组织无法通过内源性财力弥补配套资金亏空，继而只能依托于县级政府其他项目资金或者借贷筹集项目配套资金填补乡镇财政的窟窿。第二，由于项目资金数额的有限性，这种拆借项目资金方式，必然造成某类型项目落地资金的耗散。第三，乡镇一级领导在县级部门跑项目的过程中也会产生费用。在这种背景下，最终落实在基层的项目资金还有多少，我们无法深入调查，但是可以肯定的是，落地的项目资金会比县级发包给乡镇的资金要少。

在调查中，乡镇干部经常谈到县级项目资金的截留问题。有些项目资金会被县级政府的相关部门以统筹项目经费名义截留20%，为什么会出现这种情况呢？县级相关部门为了向上级争取项目资金，投入了大量的财力、人力以及物力，为了填补这个缺口，同时平衡整个县域内乡镇项目资金，只有以统筹项目资金名义截取部分资金。必须指出的是，乡镇在向县级争取资金的过程中同样耗费了人、物、财。在县乡两级财力匮乏的条件下，它们为了争取项目资金而耗费的资金，大概率会从获得项目资金中偿还，这种以争取项目资金同时拆借项目资金来填补配套资金的做法，最后导致项目落地资金匮乏，进而影响项目工程进度，而这与国家设立项目的要求是不相符的。

二、任务驱动型体制下的项目绩效评估制度

中国特色行政体制常被概括为"任务驱动型体制"，这一提法得到了国内多数学者的赞同。任务驱动型体制是一种以特定任务为核心导向，通过明确的任务目标设定、任务分配与执行机制以及相应的监督和激励措施，推动组织或系统运行的体制模式。县级政府为了调动乡镇落实项目任务的积极性，且应对国家和省政府的项目考核验收[1]，而出台绩效考核等措施。将项目实施纳入目标管理责任制的考核当中，实行逐步严密的目标管理与过程控制。在项目任务落地绩效评估中，绩效评价旨在对具体项目资金安排使用情况进行绩效分析，规范和加强县级财政项目扶贫资金预算绩效管理，强化支出责任，强

---

① 《国务院办公厅关于转发财政部、国务院扶贫办、国家发展改革委扶贫项目资金绩效管理办法的通知》国发办〔2018〕35号。

化财政监督管理，建立科学、合理的财政专项资金绩效评价管理体系，合理配置政府财政资源，增强预算安排的科学性、准确性和有效性，进一步提高财政专项资金使用效益，构建公共财政框架体系，总结经验，找出问题，提出改进建议，完善提高财政扶贫资金管理水平，加强项目支出资金绩效管理，及时准确反映项目资金使用效益，使党和国家的政策意志更好地贯彻落实。

（一）对村级工作的考察

1. 项目实施情况

山县属于典型的山区县，基础条件相对薄弱，总面积2680 km²，总人口约48万人，农业人口约38万人。山县扶贫办提供的贫困户信息表显示，2015年全县贫困人口6024户22124人，2016年脱贫3893户12742人，2017年脱贫4251户14371人，2018年存量8944户25268人。山县县委县政府统一组织、周密安排、结合实际、发挥优势，开展多形式、多渠道、有特色和富有成效的扶贫工作，提高贫困人口的自我发展能力以及改善贫困村的发展环境，加快脱贫致富奔小康的步伐。

2. 工作重点

一是规范建档立卡。推行扶贫对象实名制管理制度，村级掌握贫困家庭基本信息，进行统一识别且精准识别，在数据口径上与上级政府保持一致，一旦贫困户脱贫，立马动态管理剔除出贫困行列。二是制订脱贫计划。村级干部通过走访方式，确定扶贫对象的致贫原因，同时根据其自身条件制订个人或者家庭脱贫规划。三是建立帮扶台账。必须时刻关注扶贫情况，制定贫困户主脱贫具体时间规划，在脱贫措施上有着明确的方法，保证国家项目资金能落实到位，实实在在帮助贫困人口脱贫。

3. 主要措施

坚持问题导向，对贫困村贫困户建档立卡，有导向地确立扶贫方式和扶贫措施，按照"定责任领导、定责任人员、定工作措施、定工作任务、定时间完成"要求，在六个扶贫项目上（一是产业发展，二是基础设施建设，三是社会服务，四是光伏发电，五是雨露计划，六是小额信贷）因地制宜，实现"三到家"（水、电、路）工程全覆盖，通过"六个一批"（一是发展生产脱贫一批，二是易地搬迁脱贫一批，三是保障兜底一批，四是医疗救助扶持一批，五是发展教育脱贫一批，六是生态补偿脱贫一批）增强脱贫效果。以政府为主体强化整合各项扶贫资金和涉农资金，强化各部门各单位扶贫责任，积极推动项目政策向贫困地区、贫困村庄和贫困户聚焦，在精准扶贫、精准脱贫中形成强大的脱贫攻坚合力，彰显党的政治优势和集中力量办大事、解难事的社会制度优势。

（二）对扶贫项目绩效的基本评估

1. 统筹规模

山县 2017 年国民经济和社会发展统计公报显示，2017 年山县实质性整合各类财政资金 13042 万元，其中：农业综合开发资金 426 万元，地方财政收入增量 15% 资金 750 万元（含 2016 年增量 100 万元），清理存量资金 2390 万元，省级产业融合发展资金 469 万元，财政扶贫资金 6226 万元，以工代赈资金 255 万元，林业生态保护资金 224 万元，残保金 10 万元，农村文体事业资金 80 万元，省级现代农业转移资金 200 万元，水利专项资金 200 万元，农村清洁能源项目资金 150 万元和上年结转 1662 万元。

2. 扶贫资金使用情况

2017 年山县扶贫专项资金实际支出 12828.51 万元，主要用于落实扶贫脱贫攻坚中的产业奖补、医疗、易地搬迁、金融帮扶等各项贫困帮扶政策。①用于农业产业项目发展及贫困村产业奖补资金 2712.57 万元，包括：全县发展农业产业加工、食用菌、中蜂等产业。②全县建档立卡贫困人口小额保险 1688.24 万元，用于精准扶贫补充医疗保险建档立卡一、二类贫困人口，按 2017 年保费标准每人每年保费 149 元，下半年保费根据医疗费增长具有季节性的客观事实，按保费标准 60% 计算每人 89.4 元，受益人口 11.67 万人，占全县人口的 21.6%。③用于闯王镇硅肺病救助资金 62.8 万元，救助患者共计 23 人。④用于各乡镇第二批产业奖补资金 911.81 万元。⑤用于小额信贷支持产业发展风险基金及贫困户贴息 811.57 万元，贫困贷款 2049 户，贷款额 1.66 亿元。⑥用于幕阜山绿色产业带公路绿化工程建设资金 100 万元，其中：通道绿化完成 53.5 km，栽植绿化树 6265 棵，支点绿化面积 2893 m²。⑦用于易地搬迁地贴息资金及贫困户住房保障资金 4683.80 万元。⑧用于全县贫困村项目建设资金及扶贫办项目管理费 1038 万元。⑨用于光伏发电项目资金 499.72 万元。⑩贫困户生态护林人员工资及贫困村经费 320 万元。绩效评价小组随机抽查走访了 3 个镇 5 个贫困村、2 个重点产业村，山县财政局下拨的扶贫资金与项目使用相符，部分资金拨付到镇财政所，实行镇村级财政报账制管理，制度完善，手续齐全，县扶贫办有组织、有计划地对项目实施过程中的前期准备、申报审批、实施管理和验收管护等各个环节进行实地检查和互查互审，保证了山县 2017 年度财政专项扶贫项目的顺利实施及项目资金的高效使用和安全运行。

从山县的地方实践看，扶贫项目工程在很大程度上发挥了有效作用。从扶贫项目实施初期来看，扶贫项目资金在产业、金融、医疗等多个方面给予了基层贫困民众极大福利，同时初期极少出现滥用扶贫项目资金的现象。但是上级部门不仅对项目扶贫工程有考核的要求，而且对于项目工程有评估的要求。而在任务驱动型体制下，这种考核与绩效评估制度带来了政策实施上的"变形"，造成项目资源耗散。我们在山县调查中，需要精准识别扶贫人员，建档立卡，原因在于：一是为了完成上级政府对于地方扶贫的考核，清晰明确地了解基层贫困户状况，如家庭成员信息、生产生活状况、身体健康情况、致贫原因等。二是针对基层贫困状况制订精准帮扶计划及帮扶措施，摸清脱贫状况等，通过这种标准化与流程性精准监督基层贫困群众脱贫过程。虽然扶贫项目工程带来巨大成就，但同时也衍生出一些问题。在调研中，山县楠林桥镇某村民说："县领导给予我们村贫困户指标本来就少，而我们村在崇山峻岭之间，年轻人基本都出去打工挣钱了，有能力的人早就通过各种方式把自己屋里（家里）的老者接到县里面去享福了，留下来的都是没有劳动能力或者残障的村民。"所以，剩下的人就会积极争取贫困指标。此问题的关键在于，贫困户认定权集中于村级干部，形成典型的多重委托—代理关系异化。在扶贫项目工程的委托代理关系中，作为初始委托人的县级政府与作为最终受益人的村民之间存在县—乡—村三层代理链，县级政府注重精准扶贫的政治效能以及政策执行的考核达标，而村级组织则嵌入乡土社会的差序格局，目标分层导致其传递逐级衰减、权力约束软化，行政权力获得了对资源分配的自由裁量权，造成公共权力的边界模糊化，使其异化为可分割、可让渡、可交易的私人化商品。而此时村干部作为扶贫项目工程的末梢代理人，如果缺乏有效的约束机制以及对宏观政策的准确理解，又面临乡土社会复杂利益网络的裹挟，就有可能选择利用信息不对称的优势，以"配合村务工作"这样的非经济指标替代贫困户认定的标准，以执行成本最低、收益成本最高的关系作为优先策略，将基层民主评议的做法异化为人情评议，使项目制发包过程难以突破乡土社会的关系网络，最终导致扶贫资源分配过程中的效率耗散。

此外，上级政府对于村级扶贫工作上的绩效评估给予村级干部工作压力。为了更好展示项目扶贫成果，某些村干部通过变通手段伪造村级贫困人数，来套取项目扶贫资金。

三、项目建设中的招标与议标制度

从整体上看，乡土社会公共服务供给方式在不断引入市场化的供给方式；从实际上看，市场竞争机制嵌入科层制内是项目制自身属性的内在要求。在项目工程建设中，其具体形式一般由县级政府主体通过招标形式将项目工程放入公共资源交易中心，独立的市场主体通过市场竞争的形式拿到项目负责工程的具体施工建设。一般情况下，招标形式有两种：一种是公开招标，公开招标是非常普遍的形式（下文有具体阐述）；另一种是邀请招标，也被称为有一定限制的竞争性招标活动，通常是由招标主体单位通过资格认定选取符合标准的承包商，向其发出投标邀请，在有限范围内的承包商通过内部竞争抉择出价格最优的承包商。邀请招标具有一定的特殊性，相对来说，只有工程技术比较复杂的项目以及符合政府要求的企业才可以参与竞争，而且这一类型项目比较少，因此一般不在我们讨论范围之内。公开招标则通过多层级媒体机构发布招标公告，吸引众多企业参与投标竞争并从中择优选择合作。这种项目招标的形式主要是在县级政府部门主导下，以招标形式将项目工程发包给具体市场的承包商，县级相关部门则对项目资金流向以及工程质量予以监管，这种过程明确呈现了政府与市场主体之间委托—代理关系形成的过程，即项目发包的县级政府部门是委托方，市场主体的承包方是代理部门，这种市场与政府连接的关键过程在一定程度上呈现出政府对市场的干预（下文论述如何干预）。同时，随着各种财政项目必须走招标流程，这种招投标程序也渐渐完善。招投标是招标与投标的简称，政府主体为招标方，其一般会委托市场机构承接整个招投标流程，其中包含着一系列的程序，如招标公告撰写、招标公告发布、标书汇集、招标活动组织、公告中标人、拟定合同等。市场主体则是承包商，其作为投标方的主要准备工作在于关注政府采购公示，按照公示要求制定标书以及工程报价，按照公示要求准时参加项目的招标活动。其具体运作过程如下：①招标申请与审批。招标人应委托公共资源交易中心机构以竞价的方式组织招标，公共资源交易中心受理之后，与招标人签订代理委托书，填制交易项目审批表、招标人承诺书与授权委托书。②编制与发布交易公告。交易公告应当在省级公共资源交易中心发布，公告包括招标项目内容、规模、资金来源、投标人资格要求等。③接受投标报名与投标人资格审查。符合要求的投标申请人（委托代理人）携带相关资料报名，领取相关文件。同时中心对资格进行审查并存档备案。④组织开标、评标。按照交易公告规定的时间、地点开标。招标人、投标人、评标委员会成员和主管部门代表参加开标会。评标委员会成员应从评委库中随机抽取，成员人数为 3 人以上单数。农村产权交易机构应根据实际建立评委库，评标委员会成员由技术与经济专业人员、政府及部门代表、村干部及群众代表组成。评标委员会成员与投标人有利害关系的，应当主动回避。评标委员会审查投标文件，采用最低报价法进行评标，组织投标人分别进行一至三轮报价，最后按投标人最终报价从低到高的顺序推荐中标候选人，完成统一评标报告。通常而言，中标候选人一般不超过 3 个，并依序排列。整个招投标过程应该如实记录，规范填制相关交易文书，并存档备查。⑤确定成交方，公示交易结果并签订合同。

成交确认书发出之日起 5 个工作日内，招标人和成交方应当签订书面合同；合同书应交农村产权交易机构备案存档。

当然还有一种形式，由于项目资金体量相对来说较小，掌控项目资源的县级政府部门不需要通过招标形式，而是以指定性发包形式直接将工程项目指派给市场承包工程建设方。其具体运作过程如下：①提出议标申请，报给当地政府相关部门审批。②邀请不少于两家的承包商参加议标。③组织村"两委"成员、村务监督委员会、村民代表召开议标会议，形成会议记录和议标结果。④确定承包人，签订合同。这种方式能跨过烦琐的项目招标时间，使项目立马投入建设，不仅在项目建设时间上有所缩短，而且还减少了项目资金损耗，增强了项目资金使用效率。项目是否进入公共资源交易中心进行招投标是区分两种发包类型最为显著的特征，项目资金数额是决定是否进行招投标的关键。《山县招投标管理办法》第十二条规定："凡达到下列标准之一的：（一）施工单项合同估算价在 50 万元人民币以上的；（二）设备、材料等货物的采购，单项合同估算价在 30 万元人民币以上的；（三）勘察、设计、监理等服务类项目，单项合同估算价在 10 万元人民币以上的；（四）单项合同估算价低于本条第（一）、（二）、（三）项规定的标准，但项目总投资额在 500 万元人民币以上的，必须进行招标。"

（一）发包主体

我们可以清楚地发现项目建设是由市场完全主导的商业行为，但是其特殊性在于，作为纽带连接了政府科层制体系与市场，本质在于科层制组织与市场机制合作完成公共服务供给的过程。因此，项目工程建设的优劣不仅关系乡村公共服务质量的好坏，还直接决定着乡村居民对于政府的满意度。对于中标建设承包商而言，承接自上而下发包主体项目必须规范按照项目程序，而项目制嵌入在科层制体系之中，项目的运作载体主要依托于科层制体系，所有中央、省级项目发包到县级政府之后，县级政府职能部门便开启了项目的发包和招标过程。从这里可以看出，项目发包的主体分为两个层次：第一层是中央政府对于地方政府的发包，也就是政府层级上下之间发包。央地政府之间形成委托—代理关系，中央政府将项目发包给地方政府，地方政府通过项目实现中央政府政策意图。第二层是政府主体向市场的发包，也就是项目建设，表现为政府部门通过招标形式将工程发包给市场的承建商，由承建商主导建设，政府以及相关部门负责监督管理。在这里，项目发包主体可宏观理解为掌握项目资源的中央以及各级政府。在微观，上级部委将项目管理的一揽子权力发包到获得项目的地方政府部门，地方政府相关部门则拥有主动权，能够决定谁作为最终承包商。项目发包包含一般性转移支付与专项转移支付，一般性转移支付不会规定具体用途，一般由拨款政府自主使用，其中有义务教育、重点生态功能区、村级公益事业奖补等项目。专项转移支付又称专项拨款，是具有一定附加条件、规定资金使用范围的转移支付，要求专款专用。其中，专项转移支付主要用于农林水事务、交通运输、社会保障、教育等多个方面，具体运作流程如图 4 - 1 所示。

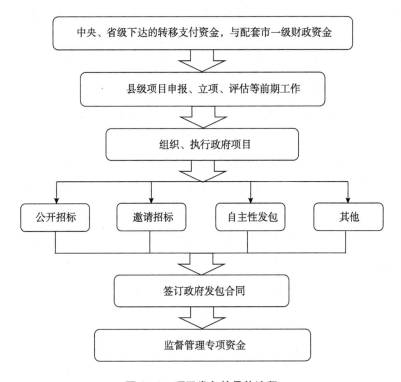

图 4 - 1 项目发包的具体流程

（二）公共资源交易中心

公共资源交易中心是项目制运作过程中一个极为核心的重要部门，负责着项目制由政府主体向市场主体发包的全部流程。山县公共资源交易中心是政府直属正科级事业单位，是进行公共资源交易活动的有形市场和服务平台，负责全县各类公共资源交易活动的组织、协调、服务、管理。公共资源交易中心工作人员共有 16 人，其中，公务员编制 9 人，编外人员 7 人，具体如表 4 - 1 所示。该中心设置 5 个机构，即综合办公室股、监督管理股、业务受理股、财务审计股、信息技术股。5 个股室虽然各司其职，但在工作业务上相互配合、相互辅助。综合办公室股主要负责单位日常运转工作，包括接待、宣传、督查、会务等一系列工作，同时还承担政府信息和政务的公开以及综合性起草文稿等工作，协调各个股室之间的合作事宜。监督管理股负责中心各类公共资源交易过程中的监督与考核，包括工程建设招标、公共土地出让、政府采购项目等；

维护中心交易区域的公共秩序，同时建立评标专家评委库，对进入中心的招标机构进行资格认定与审查，当然，其主要是监督种种不良交易行为以及处置；对于异议和投诉等事项的处理、核查工作。财务审计股主要对本单位财务活动进行控制和监督，负责单位会计预算编制，组织单位预算的执行，搞好财务收支预测等工作；负责单位经费支出、资金调度，达到资金总量和收支项目上的结构性平衡，提高资金综合使用效益；加强财务检查和分析，配合有关股室拟定财经管理规范性制度，负责财务内审、财务检查、专项调研等工作；加强财政性票据管理，做好投标保证金的收取和退还。信息技术股负责发布交易信息、网上报名、信息查询、公示交易结果等工作；会同业主以及监督部门随机抽取评标专家并做好保密工作；负责交易中心机房、网站建设以及系统软件的开发、运行、维护工作；负责投标人（供应商）库、中介机构库、专家库（简称"三库"）的更新与使用，发布商品价格信息。

表4-1　公共资源交易中心具体负责人

职务	职责
付某（主任）	主持全面工作；分管中心纪检与监察、组织人事、财务和内审工作
栾某（副主任）	负责协助付某分管纪检和组织人事
刘某（副主任）	负责协助付某分管中心综合工作；主要负责分管中心交易网站维护以及部门工作考核与督查
陈某（副主任）	负责中心主营业务，以及综合办公室和中心调度会议办公室工作
王某（科员）	负责财务和标书内审工作以及中心内部管理办公室工作
王某任（科员）	负责评标专家人员的抽取以及开标过程中的事务
张某霞（科员）	负责中心内勤工作以及协助日常办公
胡某（科员）	负责招标前信息发布及标书资料收集整理工作
张某创（科员）	负责人事档案管理工作

资料来源：通过山县（公共资源交易中心）调研获得。

　　上文对招标与议标制度已经有了清晰且完备的论述，现在就对该制度是如何损耗项目资源做具体呈现，从而进一步聚焦项目效率与招标议标制度之间的内在关联。从公开议标以及招标制度在项目制中的应用来说，这种制度设立的初衷主要是提高项目资金使用效率，更高质量地为基层提供公共服务，同时能够避免政府权力干预项目指派，以及项目资金滥用。但是，招标与议标制度在实践上并非如人们所想那样，而是出现了项目资源损耗。

当项目最终落入具体建设中，作为市场主体的项目承包商的行为主要遵循市场逻辑，而市场逻辑本质上以利益最大化为最终目的，所以，承包商对于中标项目的成本与收益会做考量。项目成本不单指的是项目建设工程中所耗费的显性成本，更为重要的是我们看不见的隐性成本，其指代的是项目承包商为了获得项目承建权而付出的各种不可言的成本。当然隐性成本支出对象主要针对两个不同的主体，一是项目发包主体，也就是县级相关主管部门；二是作为项目建设所在地的乡村。

项目招标与议标行为都有可能导致有些县级相关部门借由项目带来的权力干预市场产生寻租行为。就议标制度而言，由于其项目资金量较小，可以直接通过项目发包主体指定发包给符合条件的承建商，市场上承包商闻讯必然对项目工程建造权和承包权展开争夺。由权力主导下的议标行为决定着项目发包的走向，因此，其会衍生出有些承包商为了夺取承包权，向具有发包权的主体采取措施。而这种前期争夺项目承包权的成本会被算入后期项目工程建设之中，最终影响项目投入公共服务中的质量。项目实际效率在议标制度中耗散。

公开招标制度是项目市场化的具体呈现，但是招标制度同样也会造成有些项目效率耗散。在调研过程中我们了解到，2018年，作为山县重点打造的美丽乡村建设的典型示范村，大量的项目工程在M村建设，承担M村基础建设如道路硬化、路灯、外立面改造等。M村之所以称为典型示范村有三个原因：其一，M村是山县县委书记重点帮扶村，各种资源自然聚集；其二，M村在山县高速公路路口处，上级领导不仅能很清楚地看到M村建设，且很容易下来视察；其三，M村自身的自然条件优越，处于群山环抱之间，又有某小型水库绕村而过。承接M村各种类型建设的是山县内建设公司。为什么一个县内公司可以垄断整个村的一级项目呢？在调研过程中，村民给出了答案，山县县内相关部门下辖建设公司，建设M村项目都经过复杂利益分层，即谁负责道路硬化、谁负责外立面改造、谁负责路灯安装都有一些安排，其本质是利益分肥，而利益分肥的过程必然导致项目资金的损耗。

当然，没有权力主导的项目，背后必然有着资本逻辑。资本对于承包权的争夺同样对项目效率耗散具有影响，最为显著地表现在有些承包商串标与围标的行为上。

在公开招标制度的多层代理框架中，项目执行产生了变形。县级部门作为一级代理人，通过行政权力将实际执行权转移给关联企业，形成嵌套式代理结构。在信息不对称和不确定性条件下，代理人优先考虑自身利益最大化，而非委托人利益最大化，县级部门的策略选择导致初始政策目标执行过程中的扭曲，制度目标被替代为代理人利益最大化目标，造成了项目垄断现象，其本质上是权力寻租的制度性表达。在县域项目分配中，行政审批权的高度集中创造了权力稀缺性，项目资金的规模化注入提供了租金来源，而监督机制的软化形成了制度容忍空间，最终形成利益分肥体系，权力为资本提供准入特权，资本为权力输送经济收益，形成封闭的利益再生产循环。标准化的招标程序下隐藏着对于资质门槛、评审专家、中标对象等环节的隐性规则，制度性的排斥使市场竞争形式化严重。政府与企业之间存在严重的信息差距，市场机制难以有效发挥资源配置功能，承包商通过围标增加的交易成本最终转嫁为工程质量缩水，造成劣质承包商通过非正当手段驱逐优质竞争者的现象，最终导致项目实际效率的消耗。

第二节　权力与项目效率耗散

B. 盖伊·彼得斯指出，制度本身被设计成一种能产生集体所需要的结果的手段，用于克服市场或者政治体系的明显可见的缺陷。[①] 但是由于制度本身的漏洞或者说制度的罅隙加之权力对于制度的渗透，其不能够妥善并且有效地处理公共池塘资源或做出良好的决策，而且无法保持诸如民主等更为有力的规范的责任，为项目资源的耗散提供了空间与条件。因此，继续讨论权力与项目资源耗散之间的内在逻辑关系是必不可少的。下面我们借用 C. 赖特·米尔斯、史蒂文·卢克斯等人关于权力的观点来论述其与项目耗散之间的关系。

---

① 彼得斯. 政治科学中的制度理论：新制度主义：第 3 版 [M]. 王向民，段红伟，译. 上海：上海人民出版社，2016：35.

一、信息控制中政府部门官员的权威

米尔斯强调:"当信息与权力的手段被集中起来的时候,某些人在社会中逐步占据了可以高高在上往下蔑视他人的位置,也就是说他们的决策能够强烈影响芸芸众生的日常生活世界。"[①] 由此可见,信息是权力外化方式,对于政府行政运转起着不可替代的作用。而对于本节来说,对关键信息的把控就是获得了项目资源的先机。县级政府部门掌握着项目的分配以及项目工程发包与管理验收等权力,李祖佩"以县为主"公共产品供给模式已经印证此观点[②],在此就不再赘述。项目资源的分配至少存在两种方式。其一,指定性发包,也就是掌握项目资源的相关政府部门有权力直接指派项目给予某个乡镇村,这种类型项目资源普遍项目资金数额较小,为了减轻申请项目过程中乡镇与县级部门之间互动造成的时间或者资源上的损耗,加强项目资金的使用效率,其运作过程主要决定权在于县级部门。其二,竞争性发包,指县级政府相关部门模仿中央政府设立项目指南,由乡镇村等通过申请的方式,经县级部门比较审核,最终择选出最优区域予以发包项目。在项目资金有限的条件下,乡镇村争取项目资源必然存在僧多粥少的情况。因此,对于信息的把控就显得十分关键了,由于科层制上下链条较长,信息传播速度具有滞后性,再加上县乡村三级信息不对称等因素,谁优先得到项目信息,谁就获得项目的先机。但是,在特殊情况下,项目信息的传递不仅依托于正式的政府科层体制,非正式的社会关系结构亦是信息传播的非正式渠道。本小节以山县扶贫项目信息为例进行介绍。山县扶贫开发办公室位于九宫大道,扶贫开发办公室内设综合股、扶贫股、财务审计股,2007 年成立"山县移民局"与"山县扶贫开发办公室"合署办公,实行一套班子两块牌子,内增设移民建设股、规划股。其主要职责是:①贯彻执行党和国家扶贫开发和老区建设工作方针、政策,拟定全县扶贫开发和老区建设发展战略、中长期规划;研究拟定全县扶贫开发和老区建设规划年度实施计

---

① 米尔斯. 权力精英 [M]. 王崑,许荣,译. 南京:南京大学出版社,2004:2.
② 李祖佩. 论农村项目化公共品供给的组织困境及其逻辑:基于某新农村建设示范村经验的实证分析 [J].南京农业大学学报(社会科学版),2012,12 (3):8-16.

划并组织实施。②指导全县老区、贫困地区的扶贫开发工作，协调和推动解决全县扶贫开发和老区建设工作中的重大问题，总结推广扶贫开发和老区建设工作中的典型经验。③负责扶贫专项资金的筹措、计划分配、项目论证和审定；会同有关部门审核扶贫信贷项目、财政扶贫项目和其他扶贫项目；负责对财政扶贫资金、老区建设资金使用及项目实施情况进行跟踪检查和督办落实，并组织年度绩效考评，负责扶贫开发项目库的建立。④负责全县党政领导干部扶贫工作责任制考核；负责组织整村推进、产业扶贫、"雨露计划"、扶贫搬迁、老区建设等重点工作的实施和检查验收。⑤组织动员全社会开展扶贫济困活动；指导全县党政机关组织开展定点扶贫；联系县老区建设促进会、扶贫基金会等社会团体参与扶贫济困活动。⑥负责农村贫困劳动力转移技能、农业实用技术培训的"雨露计划"工作。⑦负责全县贫困状况监测和扶贫统计分析，组织实施对贫困人口建档立卡工作，负责扶贫开发政策与农村低保等制度的衔接工作。⑧负责县扶贫开发领导小组的日常性工作，承接上级领导交办的各种事项。

　　一般而言，县级扶贫资源通常掌握在移民建设股、规划股上，其主要原因在于规划股主要负责调研基层乡镇村级贫困状况，规划年度项目资源投入的方向。其经常下乡了解基层贫困地区动态变化，对贫困地区的未来发展方向做大致规划，是连接县级政府与基层贫困村民的中介者。因此，贫困地区的政府官员不仅经常邀请规划股人员下乡调研，且主动提供贫困地区贫困人口资料，最重要的是希望打听到关于扶贫项目资源的消息，帮助贫困村迅速抓住项目信息的先机，及早做好申请的准备。对于一些贫困村而言，与规划股的干部建立关系通常通过资源人脉以及各种手段来努力①，一些干部为获取项目资金支持，尽量通过各个渠道以获取项目信息，并为之做各种努力。比如在2017年山县危房改造资金上，按照预算管理规定，省住房和城乡建设厅、省财政厅设定补助资金区域绩效目标，明确资金与工作预期达到的效果。市县住房城乡建设部门要按照省级关于进一步加强农村危房改造工作的相关规定，在规定时间内提出本地区年度农村危房改造计划，由市（州）、直管市、林区住房城乡建设部

---

① 杨美惠. 礼物、关系学与国家：中国人际关系与主体性建构 [M]. 赵旭东，孙珉，译. 南京：江苏人民出版社，2009：65.

门汇总后以正式文件报省住房和城乡建设厅。补助资金按因素法分配，重点向改造任务重、贫困程度深、工作绩效好的地区倾斜。分配因素主要采用市县四类重点对象危房存量、年度危房改造计划、工作绩效开展情况以及省委、省政府政策要求等指标。县级财政部门负责本地区农村危房改造补助资金管理。农村危房改造补助资金的支付，由本县级财政部门按照国库集中支付制度有关规定执行。支付给农户的资金，应当根据实际情况分阶段按比例足额支付到农户"一卡通"账户，支付时间不应晚于竣工验收后 30 日。县级住房城乡建设部门具体负责本地区农村危房改造项目实施，应严格执行申请审核程序，确保补助对象认定规范准确，并做好质量安全和农户档案等管理工作。

从这段话可以看出，危房改造项目资金上的有限性导致在基础条件接近的情况下，优先获得项目信息就有可能领先得到项目，在这种背景下，关系建立对于信息尤为重要。

二、作为权力的基层治理与项目效率耗散

"治理术"（governmentality）是福柯创造的词语，它涉及现代社会中各种不同的权威用来管理民众的方式，涉及个人用来塑造他们特有的自我的方式，也涉及这些过程得以结合起来的方式。[1] 国家正是通过"治理术"的方式治理地方群众。2003 年农村税费改革之后，国家与基层农村之间的关系发生了巨大的转变，即国家由从基层汲取资源转变成国家向基层输送资源。但是从宏观上看，国家资源的下沉在一定程度上弥补了基层治理资源的匮乏，提高基层社会的治理效率，使国家与基层之间关系走向良性发展的轨道。与此同时，由于国家不再向农民收取税费之后，在某种程度上弱化了基层干部与农民之间的联系，乡村治理的行政强制力量逐步退出乡村社会，取而代之的是现代性市场化为主导的力量触及乡村社会，传统的乡村社会规则受到冲击导致其约束力弱化，乡村社会内部之前被政治性力量和传统规则抑制和束缚的各种离散性力量纷纷崛起，传统村庄社会的正常生活秩序受到威胁[2]，社会规则的作用空间不

---

① 卢克斯. 权力：一种激进的观点 [M]. 彭斌，译. 2 版. 南京：江苏人民出版社，2012：41.
② 陈柏峰. 乡村江湖：两湖平原"混混"研究 [M]. 北京：中国政法大学出版社，2011：15.

断地萎缩①。具体而言，国家在税费改革之后进行乡村综合体制配套改革，其核心是遏制基层权力肆意妄为，侵蚀基层政权的合法性。一方面通过精简机构来减少乡镇干部，同时乡镇干部的经济来源为上级政府的财政一般转移支付和村级组织的内源性创收②，不再由村民供养；另一方面，为减少资源的层层截留，对农民的专项财政转移支付直接通过"一卡通"形式发放给农户，尽量不经过基层组织，使基层组织在经济上与农民脱钩，这样一来改革的结果是乡镇政府处于"半瘫痪"状态，国家与农民之间存在一种真空状态。③ 上述情况在某种程度上使基层政府的治理进入制度化渠道，同时基层政府的权力被削弱，使乡村社会处于因国家和农民都认可的正规权力出现空缺而引发的"治理缺位"危机当中。④ 因此，站在基层政府角度上看，在行政资源匮乏、治理能力弱化等条件下，上级项目资源下沉过程中一部分会被有些基层政府与村庄边缘化势力共谋瓜分，导致项目工程效率的耗散。在一定程度上，这种现象既揭示了科层体系末端治理能力的结构性短板，也凸显了通过法治化建设重塑基层治理生态的紧迫性。

第三节　结构与项目效率耗散

　　项目制的效率损失源于科层制下项目制市场化激励机制失活，进而言之，项目制并没有通过竞争性项目配置和一定的产权约束而产生激励性效率。那么，是哪些结构性因素导致了科层制下项目制市场化激励机制失活呢？这主要是由科层制背景下竞争性项目配置虚化、项目资金配套的产权约束性损失和委托—代理制背景下的权力寻租与共谋等造成的。

---

① 李祖佩. 乡村治理领域中的"内卷化"问题省思 [J]. 中国农村观察，2017 (6)：116 - 129.

② 吴毅. 小镇喧嚣：一个乡镇政治运作的演绎与阐释 [M]. 北京：生活·读书·新知三联书店，2007：117.

③ 周飞舟. 从"汲取型"政权到"悬浮性"政权：税费改革对国家与农民关系之影响 [J]. 社会学研究，2006 (3)：1 - 38，243.

④ 赵晓峰. "行政消解政治"：理解税改前后乡村治理性危机的一个视角 [J]. 长白学刊，2011 (1)：73 - 78.

一、科层制背景下竞争性项目配置（发包）虚化

这是由项目制自身固有的缺陷所造成的，即权力与市场结合消解项目配置的竞争性。市场之所以能够在资源配置上产生效率，是因为市场对资源的配置与再配置是通过市场价格信号变动最终实现的，价格信号的变动是价格机制对供求机制的变动，决定了市场资源的流向，是竞争机制作用的结果。因此，价格竞争不仅有助于解决为谁生产的问题，而且有助于解决如何有效率地生产的问题。① 然而，与市场资源的配置不同的是：无论是中央职能部门对省级职能部门的项目发包，还是省级职能部门对县级职能部门的项目发包，并不是在完全竞争条件下通过供求的价格变动来实现的，而是按照一定的行政配置意图和诸如承载项目的自然条件、经济水平、农村产业性质和资金配套等特定条件要求来实现的。在完全竞争性项目（县级层面市场主体间竞争）发包中，项目申请、立项，特别是招标，是通过一种充分市场竞争机制来实施的，这种竞争有些不是由供求价格变动所形成的市场竞争。这样，作为拥有更多关系资源的"精英"群体，如村庄权力"精英"和社会经济"精英"，总是优先获取信息和关系资源申请到项目，或者在招标中中标，由此出现项目的"精英"俘获现象，即包括村庄"精英"在内的社会经济"精英"总是获得更多的项目，这往往导致项目目标离散和项目制实际效率降低。

二、项目资金配套的产权约束性损失

这是地方政府财政资源刚性约束和控制手段虚化所导致的。来自中央的项目资金对地方政府的激励具有二重性：一是对地方政府而言，凡是来自上级的项目资金都属于公共资源，地方政府对这种公共资源的需求总是"多多益善"，特别是对于财力不济的中西部地区而言，这种需求更是如此。所以，这种公共资源总是能够吸引地方政府的注意力，激励地方政府特别是基层政府实现中央的政策意图。二是相对地方政府的支出而言，任何地方政府的收入总是

---

① 萨缪尔森，诺德豪斯. 经济学：第19版［M］. 萧琛，译. 北京：商务印书馆，2014：30－32.

显得不足，在项目配置时要求地方政府予以一定比例的财政配套，等于在公共资源的使用中加入了"私人"的成本。如果项目最终没有"出成果"，那么就会形成地方政府的"沉淀成本"①，所以地方政府不得不重视这项支出，并对包括配套资金在内的整体项目资金进行监督和约束，这相当于把地方政府作为一个市场主体来看待，在公共资源配置和使用上加载了部分产权约束控制机制，以激励公共资源的使用效率。问题是，政府是由单个"经济人"组成的集体组织，其中每个人会根据所受到的约束，为追求个人效用的极大化而行动。② 对于单个"理性的经济人"而言，无论来自中央的项目资金还是地方政府配套的项目资金都是公共资源，其中并没有加载他们个人的经济利益约束，所以在项目资金的使用上对他们难以形成私人的产权约束和激励作用，从而难以把包括配套资金在内的项目资金如同私人物品一样有效地使用和监督。

不仅如此，由于地方政府特别是中西部地区县级政府财力资源不足和紧缺，所以在项目制基层实践中很难按照中央的政策规定对项目进行配套。这样，在财政资源刚性约束的条件下，地方政府要么向中央政府"讨价还价"和"申诉"，要求降低配套比重，要么进行隐蔽的"抗争"，采取"变通"的方式应对中央的配套政策。一般而言，"申诉"的方式主要见于财力相对较强的地区，"变通"的方式多见于政府财力严重不足的地区。常见的"变通"方式主要有两种：一种是转嫁配套，地方政府会物色经济条件比较好的村庄和企业来进行申报，由他们来筹集配套资金；另一种是套用"打包"，有些地方政府将辖区内相似的项目集中"打包"，套用上级拨付项目资金来"冲抵"地方政府所应承担的匹配资金。③ 所以，资金配套机制虽然在一定程度上提升了地方政府争取项目资金的积极性，但难以实现预设的产权约束目标。④

---

① 狄金华. 项目制中的配套机制及其实践逻辑 [J]. 开放时代，2016（5）：113–129.
② 布坎南. 自由、市场与国家 [M]. 平新乔，莫扶民，译. 台北：五南图书出版股份有限公司，1980：31.
③ 狄金华. 项目制中的配套机制及其实践逻辑 [J]. 开放时代，2016（5）：113–129.
④ 黄宗智，龚为纲，高原. "项目制"的运作机制和效果是"合理化"吗？ [J]. 开放时代，2014（5）：143–159.

三、委托—代理制背景下的权力寻租与共谋

委托—代理（principal - agent）是在双方约定的基础上一个人或者一些人（委托人）授权另一个人或一些人（代理人）为委托人从事某项活动。这种关系不同于一般的雇佣关系，代理人在获得委托人充分授权的条件下拥有很大的决策权和自主性，而委托人很难监控代理人的活动。在委托—代理理论中，委托人—代理人关系泛指任何一种涉及非对称信息的交易，非对称信息（asymmetric information）是指某些参与人拥有，但另一些参与人不拥有的信息。如果委托人和代理人之间的利益不一致，那么这种信息不对称就会产生委托—代理的效率损失问题。[①] 梯若尔（Tirole）提出了新的博弈模型来描述分析在委托—监督—代理三方之间的组织结构中，监督方与代理方"共谋"（collusion）应对委托方的博弈过程。[②] 导致共谋行为的一个原因是组织内部各方的信息分布不对称，由此使得公司所有者（委托方）无法有效控制经理（监督方）和员工（代理方）之间的共谋现象。在经济上的这种委托—代理结构同样一定程度上表现在科层制的运作结构中，周雪光引用了梯若尔的这一理论框架，分析了基层政府与上级政府针对其更上一级政府的共同行为。其基本结构为：基层政府为代理方，其直接上级政府为监督方，更上级政府为委托方，基层政府与上级政府共同应对更上级政府的政策法令和检查监督。[③] 所以在委托者与代理者信息不对称的背景下，项目制的效率损失主要存在于县级端与市场端之间，或者说损失于县级项目管理主体与项目承载主体（市场主体）之间。

由此可见，项目制存在明显的效率耗散结构，这就意味着，项目制很难形成有效的市场竞争性激励和产权约束，进而言之，很难通过强化项目配置的竞

① JENSEN M C, MECKLING W H. Theory of the firm: managerial behavior, agency costs and owner-ship structure [J]. Journal of finacial economies, 1976, 3 (4): 305 - 360.
② 周雪光. 基层政府间的"共谋现象": 一个政府行为的制度逻辑 [J]. 社会学研究, 2008 (6): 1 - 21, 243.
③ 周雪光. 基层政府间的"共谋现象": 一个政府行为的制度逻辑 [J]. 社会学研究, 2008 (6): 1 - 21, 243.

争性和项目资金配套管理来改进项目制的效率。所以项目制效率的改进和提升应该主要聚焦于权力寻租与共谋治理上。

第四节　山县项目制效率耗散的"科层制—市场化黏性结构"具体表征

从项目制在山县的实践过程可以看出，源于全国同一运作结构与模式的项目制具有"科层制—市场化黏性结构"特征。山县项目制市场化运作存在效率耗散，这不是个案，而是由"科层制—市场化黏性结构"所决定的普遍性问题。所以，山县项目制市场化运作的效率耗散及其"科层制—市场化黏性结构"特征具有"解剖麻雀"的意义。

山县项目制"科层制—市场化黏性结构"的特征如下：

（1）科层体系与市场体系不是平行独立关系，而是市场机制嵌入科层制，市场与科层组织相互浸润，二者没有明晰的边界。在理论上，项目制运作存在三次市场形式的竞争和产权激励约束机制。第一次是从省级职能部门申请项目的竞争，即山县与其他县的竞争，这是政府主体之间的竞争。第二次是山县获取项目后，要实现项目落地，即各社会主体（一般指承载公共产品项目，如村级公路、高山搬迁移民、水利等社会主体）之间和市场主体（承载经济发展项目，如生态农业、养殖、果园等主体）之间根据项目指南向县级职能部门申请项目，然后由山县职能部门评审立项。这是竞争性申请，总有申请者失败或者获得较少的项目，属于稀缺资源的竞争。第三次社会主体获得公共产品项目（项目立项）后，还要进行竞争性招标，以实现公共产品项目的生产和建设。同时，无论是山县政府主体从省级职能部门申请项目（立项），还是山县社会主体或市场主体从县级职能部门申请项目（立项），都要进行项目资金配套（多数项目），形成产权激励约束。项目资源竞争性配置与产权激励约束具有市场性质和相对独立的体系，由各个环节组成。但如上文所述的那样，有些权力影响项目的申请和立项，权力影响招标，权力影响验收，权力影响资金配套等，所以权力寻租有时突破既有制度的约束，使得市场与科层组织很难形成二元独立的、有明确边界的和具有各自功能的两个平行体系，市场的竞争与产权激励约束所产生的效率就会受到抑制。

（2）委托—代理中有时存在剩余控制权、权力文化网络与制度限度的共振。在理论上，如果科层组织与市场是两个相互独立的体系，并且二者有明确的边界，以及制度供给到位，那么，权力主体与市场主体签订合同（契约）后，来自科层制的权力就会止于二者的边界。即使这样的合同一般为不完全契约，市场主体往往获得大量的剩余控制权，市场主体也会在产权激励约束的基础上按照市场规则进行产品生产，项目资金就会产生效率。但实际的问题是，在科层组织与市场的浸润结构中，委托—代理下剩余控制权进一步放大了权力对市场的渗入，而且权力文化网络与剩余控制权的交融，一方面削弱了既有制度的规范和约束，另一方面放大制度供给或改进的成本，从而产生制度限度。所以，剩余控制权、权力文化网络与制度限度等在科层制与市场的浸润结构中更能产生共振与叠加效应，成为项目制"科层制—市场化黏性结构"的主要构成要素。

第五章

项目制"科层制—市场化黏性结构"
要素共振与市场化弱化

项目制"科层制—市场化黏性结构"由剩余控制权、权力文化网络、制度限度等结构要素组成,这些要素的共振与叠加形成权力共谋的基础。其中,剩余控制权为文化网络的工具化建构提供了物质资源的激励,而文化网络工具化建构又为剩余控制权的非制度化运作扩展了空间,由此进一步消解相关制度的约束力,制度的限度又激励权力文化网络"圈子"形成,从而弱化虚化项目市场化配置与公共项目建设招标的竞争性,以及项目资金配套的产权激励约束力,所以权力共谋是项目制市场化运作效率耗散的主要推手。

第一节　剩余控制权

剩余控制权是委托—代理制所形成的,上文已对委托—代理理论的基本内涵和在项目制中的运用逻辑做了一些论述。委托—代理方式之所以运用到项目制中是由科层制的多层级特点和项目数量特别巨大所决定的。从中央到地方政府有 5 个层级,项目量巨大,如果全部由中央政府主导,这项工作根本无法完成,所以按照政府层级的顺序,由中央政府和项目所属类别相关的部委局作为委托者把项目委托到省级政府和对应的省级职能部门,由省级职能部门代理中央政府管理和实施这些项目,中央政府保留和掌握项目的一级配置权、监督权。同理,省级政府和相应的职能部门无法直接操作和管理如此多和分散的项目,必须把这些项目委托到县级政府和职能管理部门,省级政府和职能部门又作为委托者掌握一定的配置权和监督权。县级政府和职能部门获得了包括项目竞争配置、验收和部分监督权在内的代理权，这是科层制内权力主体与权力主体之间的委托—代理关系，越到下面层级获得的权力越大，所以从中央政府到地方政府，只有县级政府和职能管理部门真正拥有具体的控制权和高度的自主性，我们把这一高度自主性权力定义为科层制内的剩余控制权。但是，随着项目的落地，剩余控制权还要向下延伸，即县级政府和项目主管职能部门还要通过项目申请—立项—招标（公共产品项目建设权）竞争性"发包"（也叫作公共产品项目建设的竞争性配置）给项目承担主体和项目承包主体（公共产品项目建设主体或者说投标主体）负责实施和建设，同时，通过项目资金配套加载项目承担主体的资金形成产权激励约束，参与市场的竞争性生产。

这意味着，在项目落地后，剩余控制权进一步下移。在理论上，县级政府和职能部门只掌握项目实施的部分监督权和验收权，项目配置权是由竞争性申请和招标所承载，即外溢到项目承包主体与承担主体。但是，在实质上这一剩余控制权仍然主要掌握在县级政府和项目主管职能部门的权力者手中。所以，县级政府与项目主管职能部门在实际上获得了包括项目立项配置、招标配置、验收和项目质量以及项目实施进程监督等剩余控制权，这是由科层制性质与委托—代理制的内在结构所决定的，与不完全契约的本质要素内容相契合。

不完全契约理论的源理论是科斯的"交易成本"理论，而资产专用性这一名词则是由威廉姆森根据科斯定律所提出来的。他认为投资者资产专用性越高，在投资前就具有更高自主性的谈判能力，而在投资后随着自主性的减弱，谈判能力减弱，面临着被"敲竹杠"的风险加大。[①] 在此假设的前提下，格罗斯曼（Grossman）和哈特（Hart）推进了"科斯定律"的发展，提出了不完全契约理论。他们认为，在多数情况下契约是不可能完全的，也就是在信息不对称的情况下，契约能够明确约定的权利是特定权利，而不能够明确约定或者隐含的权利则是"剩余控制权"。因此，剩余控制权（residual control rights）就是资产所有者"可以按任何不与先前的合同、习惯或法律相违背的方式决定资产所有用法的权利，成为决定资产在最终契约所限定的特殊用途之外如何

---

① WILLIAMSON O E. The economic institutions of capitalism: firms, markets, relational contracting [M]. New York: Free Press, 1985.

被使用的权利".① 因此，在不完全契约的条件约束和剩余控制权客观产生的激励下，由于代理者具有天然的信息优势，在签订契约时总是不会告诉委托者不利于自己的信息，而且有意向委托者封闭有利于自己的信息。这就使得委托者在信息不对称的情况下总是处在不利的地位，由此往往产生逆向选择和道德风险，进而导致不能实现委托者所偏好的政策。② 所以，"逆向选择"和"道德风险"都是委托人与代理人利益博弈过程中信息不对称所造成的事前和事后的机会主义行为，由正式制度所产生的不确定风险。

但是，逆向选择与道德风险是有区别的。逆向选择是指代理人利用自身的信息优势及专业优势，在签订契约前采取机会主义行为，使委托人无法对代理人的好坏、优劣进行甄别，最终选择了差的代理人，从而导致项目质量和效率的损失，即劣币驱逐良币的结果。而道德风险指签订契约之后代理者利用信息不对称条件下的剩余控制权对代理人"敲竹杠"，将成本转嫁给代理人，从而造成代理人损失的可能性。无论是逆向选择还是道德风险，都是在委托人与代理人产权清晰的前提下发生的，是市场经济运行中的一种普遍现象。

同样，在项目制运作中，无论是涉及政府权力主体之间，还是涉及权力主体与市场主体之间的委托—代理关系，由于与不完全契约的权力运作结构基本相似，因此逆向选择与道德风险是必然存在的，尤其是在产权不清晰的条件下更是如此，其中道德风险更容易发生。

项目制所产生的委托—代理关系是在权力主体对权力主体、权力主体对市场主体之间的契约关系，即委托人所掌握的项目资源是国家公共资源，委托人中的单个人很难把这样的公共资源当成私人财产去重视，在缺乏产权约束的前提下，这些由单个人组织成的委托人更有可能因为加载自身的利益而变得不负责任，从而产生"公地悲剧"。所以，逆向选择与道德风险更容易在有清晰产权约束的委托—代理中产生。对此，聂鑫、段志平和汪晗在分析国家实施土地整治项目时关注了这一点，认为国家土地整治项目的实施是各利益主体围绕土地权属调整与权益再分配的博弈过程。由于不同利益集团之间的利益冲突和信

---

① HART O D, MOORE J. Property rights and the nature of the firm [J]. Journal of political economy, 1990, 98（6）：1119 –1139.

② 拉丰，梯若尔. 政府采购与规制中的激励理论 [M]. 石磊，王永钦，译. 上海：上海人民出版社，2004：1.

息不对称，在委托—代理过程中产生了"逆向选择"和"道德风险"问题。各利益主体都在不断寻找各自的权利与社会利益的平衡点，从而达到利益的均衡。①

由此可见，即使是在产权清晰的市场主体之间，只要在不完全契约中，受到信息不对称、委托者的非专业性等因素影响，总是存在产生逆向选择的风险和道德风险；剩余控制权又为代理者产生道德风险提供条件。那么，在项目制的委托—代理中，产权不清晰、信息不对称、非专业化、剩余控制权等不仅容易导致逆向选择行为产生，而且滋养和形成了道德风险行为的土壤和动力。

第二节　权力文化网络

作为委托—代理结构的外部因素，"科层制—市场化黏性结构"的构成要素"权力文化网络"与剩余控制权相嵌与叠加，为道德风险行为拓展空间。权力文化网络是美国学者杜赞奇在分析中国农村政治变迁与政治权力结构时引入的概念，其核心是将权力"精英"组织作为对文化及其合法性分析的基础，认为地方社会"精英"以文化网络作为获取权威和其他利益的源泉。乡村社会中的多种组织体系以及塑造权力运作的各种规范共同构成权力文化网络，其中包括宗族、市场等多方面等级组织或巢状组织，是地方社会"精英"获取权威和利益的源泉。在这些组织中，文化网络关系还包括血缘、地缘、庇护人与被庇护人、传教士与信徒等非正式组织关系。② 本书并不考察农村文化网络对村庄权威和权力产生的影响，而是借其文化网络来解析权力者在资源分配中的内在关联及其自主性的形成。

在当代中国社会中，村庄文化网络不仅建构了村级组织的权力基础，而且在乡镇和县级政府组织中同样产生影响。

同理，在乡镇或者县级范围内，文化网络在权力互动中扮演重要的角色。

---

① 聂鑫，段志平，汪晗. 土地整治实施内生缺陷：逆向选择与道德风险：以广西为例 [J]. 农业经济，2014（7）：44 - 48.

② 杜赞奇. 文化、权力与国家：1900—1942 年的华北农村 [M]. 王福明，译. 南京：江苏人民出版社，2003：15.

从表面上看，虽然权力体系没有如农村社会那样具有更广泛的"熟人"或"半熟人"关系，但对于掌握权力资源的人而言，他们在背后有着以文化网络为基础的"圈子"。正如费孝通所指出的那样，其社会圈子就如同呈现出差序结构的小国一样，"我们的格局……好像把一块石头丢在水面上所发生的一圈圈推出去的波纹。每个人都是他社会影响所推出去的圈子的中心。以'己'为中心，像石子一般投入水中，和别人所联系成的社会关系……像水的波纹一般，一圈圈推出去，愈推愈远，也愈推愈薄"①。因此，任何握有项目资源的权力者都有自己的"圈子"，这些"圈子"基本上以血缘、地缘、业缘、同学和战友等关系而建构，并在权力主体之间以及权力主体和非权力主体之间形成利益的互动，由此形成有些项目资源配置的信息"优先性"和高度的自主性。

那么，文化网络又是如何运用剩余控制权而进一步强化自主性呢？这是由特殊信任关系所形成的，即特殊信任关系能够在一定程度上使制度的约束减弱。

正因为在县域社会中，拥有这些文化网络与高强度的特殊信任，国家层面上有的权力监督能力就会遭遇这种特殊信任的消解。

第三节　制度的限度

本书中的制度主要指委托—代理制中项目评审、招标、验收以及权力监督等制度体系，既有国家和地方政府制定的相关法律制度，又有地方政府和部门根据相关的法律制度制定的具体管理办法。本书中的制度限度是指与项目制相关的法律制度与管理办法对权力约束的效用限度，是由多元因素所导致的效用抑制。项目制相关制度的效用限度与项目管理者（权力者）的自主性强化是密切相关的，制度效用越低，其自主性越高，项目委托者与代理者出现道德行为风险的可能性越高，反之亦然。

这些年来，虽然国家和地方政府也在不断修订和完善项目制相关的法律制

---

① 费孝通. 乡土中国 [M]. 北京：北京大学出版社，1998：25.

度，但这些相关的法律制度在效用上并没有取得突破性的提高，所以道德风险行为仍然存在。这在很大程度上折射出相关法律制度并没有从根源上解决委托—代理制中的逆向选择特别是道德风险问题。那么，为什么相关法律制度对约束道德风险行为产生限度呢？

在规制理论中，一个通用有效的制度规范，常常不是设计得最好的，但它一定要与企业和规制者的信息结构、交易成本约束和可行的工具相一致。所以，在委托—代理制下相关法律制度的效用就会存在信息约束、交易成本约束和行政约束，这就使得规制者不能实现他们所偏好的政策。① 古典经济学理论假设制度环境是无限理性和完全信息对称的，并认为：在此种情况下，人们会做出最优选择且不会产生交易成本。但新制度经济学理论对此观点做了修正，认为人们不可能在这样无限理性和完全信息环境中行动，更多是在有限理性和不完全信息的环境中产生行为，这就必然产生交易成本，所以把制度交易成本纳入新制度经济学理论的分析变量。诺斯认为，在理性的环境中，制度是不重要的。一个运转有效的市场包括经济的市场和政治的市场，构成了某种经济的特征，制度源起于对工具理性假设的修正，制度的形成是为了减少交易风险的不确定性。伴随着技术的配置，它们决定了交易的成本，决定了长期的经济增长。② 所以，制度交易成本是分析制度限度的核心因素。

本书的制度交易成本也就是指相关法律和管理机制的运作费用。制度改进应在经济上算总账，才有操作性。换言之，可容许交易成本决定了制度改进的空间，从而决定制度限度。但是，制度限度受制于制度的交易成本，是第一层的大逻辑。在此逻辑上还有更深的因果逻辑，就是项目制结构性设计的内在缺陷也在同样影响制度的限度。所以，制度效益成本与其内在的结构性缺陷二者互为因果，共同影响着制度的限度。制度限度具体为项目评审管理机制的限度和监督机制的限度。

---

① 拉丰，梯若尔. 政府采购与规制中的激励理论 [M]. 石磊，王永钦，译. 上海：上海人民出版社，2004：1.

② NORTH D C. Institutions and economic theory [J]. The American economist, 1992, 36 (1)：6 – 36.

一、项目评审管理机制的限度

项目评审是项目申请立项（项目配置）和招标的关键环节。无论是在项目申请立项还是公开招标中，都要按照上级相关管理制度的要求组织专家对项目申请和招标书进行评审，所以评审专家的管理制度是决定项目配置和招标是否公正有效的关键。如果相关评审制度不能对专家、权力主体以及市场主体进行有效的约束和行为调整，那么，权力主体、专家和市场主体就容易产生道德风险行为。

项目评审制度的限度就是指其对相关主体及过程的调整和规范的有限性。按照相关法律制度要求，项目评标专家作为独立的第三方依法依规对项目申请书或标书进行评审，并对招标程序的规范性、评标的公平性、结果的公正性承担着主要责任。我国相关招投标法规规定了项目招投标的基本流程，其中设置招标、投标、开标、评标和定标，而评标是招投标流程中的一个重要环节。评标的关键在于评标专家依据招标人招标文件所规定的评标标准和办法，借助自身丰富的专业知识，公开、公平、公正地确定满足招标文件要求的中标候选人。

然而，如果有些评审专家接受关系者的示意，为其"圈子"关系人提供帮助，或者接受市场投标主体的贿赂，为其提供帮助，那么，评审专家与招标人、招标代理人、投标人就会（被动地）突破相关法律制度，也就是评标时做倾向性评标。当前，在一些公开的案件中，部分出现这一环节的违规行为。这一问题的主要原因在于：一是评审专家的报酬较低，对其违法违规行为的惩罚力度较小；二是相关核心机制改进与制度成本的悖论。

例如，《评标委员会和评标方法暂行规定》（2013 年 3 月国家发展改革委、工业和信息化部、财政部、住房城乡建设部、交通运输部、铁道部、水利部、广电总局、民航局令第 23 号修订）规定："评标委员会成员收受投标人、其他利害关系人的财物或者其他好处的，评标委员会成员或者与评标活动有关的工作人员向他人透露对投标文件的评审和比较、中标候选人的推荐以及与评标有关的其他情况的，给予警告，没收收受的财物，可以并处三千元以上五万元以下的罚款；对有所列违法行为的评标委员会成员取消担任评标委员会成员的资格，不得再参加任何依法必须进行招标项目的评标；构成犯罪的，依法追究刑事责任。"追本溯源来看，该规定由于缺少足够的威慑力而不能对评审专家产生应有的约束作用。一是县域范围内的熟人社会中，由于范围较小，人际关系重叠较多。现有法律制度对违法违规行为缺乏明确的界定，而且调查取证很难。二是该法规条款对评审专家的违法违规行为缺乏制裁效果。在现行规则规定下，评审专家的劳务付出得到的回报金额很低，为了获得高收益，有的评审专家容易铤而走险，如果改变惩处力度，对违反规则的专家不仅处以高额罚金，而且涉及违法犯罪，则必然会有力遏制这类型情况发生。三是评审监视机制有待完善，被抽调评审专家名单容易泄露。由于评审专家并非异地抽取，而是在属地专家库中就地抽取，县域社会作为一个半熟人社会，其保密性不强。其具体运作如下：首先，公共资源交易中心成员会在评标或者开标前一天在属地专家库中抽选专家并通知其准备；其次，在程序上要求抽取的评审专家关闭通信系统并与外界隔绝 24 小时。但是，由于县级专家库人员名单较少，觊觎项目的人员必然会千方百计地与评审专家取得联系。同时圈内专家在这一行"混迹"多年，与本地诸多项目工程公司基本上相熟相知，在一定程度上被抽取的专家反而能够与投标人一拍即合，这种基于制度环境缺陷形成的策略性协作，实质是行动者为应对制度刚性约束与执行压力，被动采取的适应性行为。所以即使制度程序设计得足够完善，也很难防止地下信息外溢。在 5 人评标委员会中，只要有 2 名圈内的专家参与共谋，投标人就能中标。

所以，这些内在的制度环境与制度结构的内在缺陷导致这些违法违规的评审行为得不到及时的约束和调整。

显然，从制度改进上看，解决以上问题的根本是：提高评审专家的报酬至高激励水平；建立全国范围内的大专家库，实行异地专家评审制度；建立独立的自上而下的专业监督机构；加大法纪监督力度；等等。但是，在现实中，这一制度的大幅改变就会遭遇到成本悖论，这意味着，制度环境所决定的"路径依赖"阻碍和影响着制度的改进进程，决定了此制度的效用限度。正如诺斯所指的那样，正式制度或非正式约束包括人们的行事准则、行为规范以及习惯，制度变迁在边际效应上可能是一系列规则、非正式约束、实施的形式与有效性发生变迁的结果，制度变迁是一个复杂的渐进过程。[1]

---

① NORTH D C. Institutions, institutional change, and economic performance [M]. Cambridge：Cambridge University Press, 1990：6-36.

二、监督制度的限度

监督制度的限度是指与项目制相关的职能监督、法纪监督、特种监督与社会的民主监督等制度的效能限度。从一般层面上看，监督制度的效能抑制主要源于这些监督制度本身的缺陷问题，但是，如果把其放到超越自身的系统结构上分析的话，就会发现这些监督制度的结构性缺陷既与项目制内在结构有关，又与制度交易成本限制相关。一方面，项目制的内在结构部分抑制了系统有效的监督体系建构，或者说导致了监督体系建构的难度；另一方面，系统有效的监督体系建构又受限于制度交易成本，从而抑制监督体系的结构功能和监督制度的效能。

（一）项目制内在结构与职能监督的缺陷

上文已经论述，项目制的内在结构特征就是实行委托—代理制，即中央政府和部委局—省级政府和相关厅局—县政府和相关职能部门—项目承担者和公共项目建设者，从上至下依次实行委托—代理制，上级为委托者，下级为代理者，二者之间签订不完全契约，最后项目落地到项目承担者和公共项目建设者手中。理论上，中央、省和县政府及部门保留项目运作的监督权，就是本书所定义的职能监督权，但只有县级政府的项目管理部门和权力者掌握项目运作的实际监督权，这种监督权融合在高通量的剩余控制权中。因为面对如此大数量的项目，中央和省级不可能直接对每个项目的运作进行监督，只能实行小样本抽查。即使省级项目主管部门委托市级职能部门承担项目的某项监督职能，由市级职能部门组织人员对县级项目进行检查，也可能存在形式主义和"虚监"的问题。因为市级职能部门虽然具有至高性和专业性特点，并且有人力行使大样本抽查监督，但市级职能部门与县级职能部门不仅在业务上是密切的工作关系，而且在人际上是熟人甚至朋友关系。特别对于有些来自中央和省级部门的项目资源而言，他们有可能站在地方政府的利益或者个人视角上行使来自上级部门委托的职能监督权，一般不愿"得罪"县级职能部门，在行使项目职能监督时，往往对一些问题"视而不见"，甚至以专业化的不确定性和信息不对称性为由，掩盖其中的问题。不仅如此，县级职能部门的剩余控制权的最大特点就是三权同体，即项目配置权（申请立项，公共产品项目建设招标）、验收权和职能监督权同体，也就是说县级项目主管职能部门既当"裁判员"，又当"运动员"，而且大量涉农项目具有专业性和不确定性，所以项目制这种运作结构与职能监督的结构调整在很大程度上形成悖论，制约着职能监督的功能和改进。

　　当前，大型公共产品项目招投标的职能监督也是如此。例如，水利、交通等大型招投标项目的监督，分别由省级水利、交通主管职能部门以及省级重大建设项目稽查特派委员会负责。必须指出的是，政府部门的行政机构不仅负责招标代理机构的资格审查，而且还监督投标人不法行为以及接受投标人的举报与投诉。但是，有些相关职能部门和人员出于本部门以及个人利益的考量，直接插手大项目的管理，特别是直接或间接干预招标投标活动，由此形成配置权、验收权和监督权同体。即使是专门项目检查机构成立之后拥有着独立性与自身的专业性，但是县级项目数量之庞大致使其无力应对，而且这样的专业化职能监督很难在县一级中设立相关部门（行政成本过高），所以县级项目运作中的职能监督呈现出结构性问题，在本质上根源于项目制自身的结构缺陷。

　　除此之外，项目制中职能监督的功能缺失还表现在"火警监督"上。本书的"火警监督"是专指公共产品项目建设的公开竞争性招标中，参与竞标的投标人向上级特种监督机构举报招标过程中违法违规行为的专门监督。这一监督的有效性在于：一是因为举报人是参与投标的当事人，了解招投标的基本过程，能够获得较为对称的信息，而且作为失败者均有天然的激励和冲动举报权力者和与己竞标者的违法违规行为。二是具有行政监督申诉机制。从当前的情况来看，这一监督机制和平台作用十分有限。其主要问题在于：一是缺乏统一和高效的申诉机制。由于《中华人民共和国招标投标法》没有对"火警监督"做明确而具体的规定，难以形成系统和有效的行政监督申诉机制，尤其是对举报人未能做出有效的保护，所以一些"圈子"外的投标人即使在事前或事后发现了违法违规行为，也会因为考虑举报风险成本而放弃举报。二是信息不透明。招标完成后未能及时公布评标专家、中标人、中标价格等项目招投标相关信息，在这种信息不透明的前提下，其他投标人很难收集足够的证据进行投诉或举报。三是举报缺乏有效激励。当前，由于对举报者缺乏经济激励，他们不愿承担风险挺身举报，不能产生主动检举的积极性。①

由此可见，担负自上而下的项目制的职能监督效能既受到委托—代理下项目配置权、项目专业化事本监督权和验收的"三权同体"的结构性限制，又受到这些监督自身的制度缺陷影响。这意味着，项目制的职能监督效能很难从结构性调整上得到很大的提升，只有在现有的结构上完善相关职能监督制度，才能解决项目制的效率耗散。

（二）法纪监督缺陷

当前对项目制运作权力的法纪监督主要是通过监察委员会和检察院对项目运作事前事中和事后的权力规范性进行监督。事前事中的法纪监督一般是参与性监督，即在项目立项和招标评审等重要环节中项目管理部门主动邀请监察委员会成员参与评标的监督。有些权力主体与权力主体、权力主体与市场主体之间共谋操纵评标的活动，一般在事前已完成，在正式程序上的评审行为和过程合法合规，很难通过这种监督形式约束共谋行为。而且在现有的相关法律中缺乏明确的项目监督刚性要求和规定，所以只能通过经济激励方式邀请相关监督人员参与监督。从当前的运作情况上看，经济激励力度小，责任重大，而且监督委员会人力不足。而事后法纪监督是监察委员会与检察院对项目制运作中违法违纪行为的查处监督，在理论上，事后的法纪监督是有效的，因为项目制运作中被查处的违法违纪案件基本是事后监督的成效，而且举报成为事后查处的线索来源。但是，对于如此大量的项目，被查处的案件不是很多。这是由项目制自身结构与法纪监督体系建构的困境所决定的。一是剩余控制权的专业性和自主性。在项目制的委托—代理中，县级权力主体与市场主体在不完全契约下获得了大量的剩余控制权，这种剩余控制权包含专业性和高度的自主性，对法纪监督具有一定的信息屏蔽作用，所以法纪监督就会遭遇到削弱。二是文化网络中的依持—庇护性。上文已论述，由权力文化网络所形成的"圈子"，在县级视域中包括监察委员会和检察院的权力主体与项目管理的权力主体，间或存在直接或间接的文化网络关系。三是法纪监督体系力量不足。监察委员会和检

---

① 赵振铣，向强. 我国政府投资项目招标投标的监督机制设计 [J]. 经济师，2005（2）：13－14.

察院因为人力物力的不足，无力主动查处项目制运作中所有的违法违纪行为，只能被动地根据举报线索查处一些数额巨大的经济要案，所以项目制本身的结构性特点和法纪监督制度缺陷的双重叠加，制约着监督体系的系统建构和效能的限度。

综合上述，制度限度是由项目制运作结构特点与由此制约的诸如评审制度和监督制度缺陷所决定的。在不完全契约条件下，剩余控制权中项目资源配置权、验收权和职能监督权"三权同体"悖论制约着相关管理制度和监督制度的效能限度。如果单纯从制度变迁视角来看，要对制度效能限度予以突破，唯一的办法就是从上至下的组织建构、权力建构和经济投入。比如在职能监督上主要是加强省级的组织建设和职能建设，也就是人财物的投入，强化条条管理；在法纪监督方面，同样如此。这里存在一个制度建构与成本悖论问题。就是在既有的科层制内，为了加强项目管理，进行组织建构和投入，但是，这就使得项目制管理成本增加，因为委托—代理结构下不是单一层级的组织建构，换言之，省级项目制组织管理建设必然带动市、县的管理组织建设，同样，中央政府也是如此。这就引发了两个问题：一是项目制并不具有效率，与其初衷目标相悖，所以这样的制度建构就会因为制度成本的增加而成为不可能；二是从"条条"管理着手，强化上级职能管理和监督的权力，并没有从根本上改变"科层制—市场化黏性结构"要素的制度限度、文化网络结构和剩余控制权的道德风险行为基础。即使这一方法经济有效，也会影响项目制激励、弥补和巩固科层制的内在组织动员力，即后文要分析的政治合法性（政治学上的政治认同感）。所以，试图通过单一的项目管理制度和监督制度建设破解道德风险行为，是难以实现的。但是，这并不意味着系统的制度建构没有空间和余地，而是意味着制度建构和改进必须寻找其中一些能缓解悖论的平衡点，这就是制度改进的原则。

第四节　项目市场化竞争性与产权激励约束的弱化

前文已论述，从主管项目的中央部委到县级职能部门，项目制主要通过中央—省—县三个行政层级的委托—代理结构来实施。由于如此繁重和大量的项目难以通过科层组织直接操作来完成，同时要避免由科层制运作所产生的权力寻租和"公地悲剧"的低效率，所以项目制就是试图在科层制内嵌入市场竞争激励和产权激励约束机制，形成权力主体之间与市场主体之间的竞争，以提高中央资源的使用效率。但是，在项目制"科层制—市场化黏性结构"中，这种市场化竞争并不能形成一般意义上的市场竞争，进而言之，在科层制嵌入权力的竞争性结构中，价格并不能作用于项目资源配置，特别是权力主体之间的共谋的道德风险行为与权力主体和市场主体之间的共谋的道德风险行为不断消解项目资源配置的竞争性，同时还弱化产权激励约束，最终导致项目制效率的耗散。

一、项目制中权力主体与市场主体竞争性弱化

无论是针对于省、县、乡镇等权力主体，还是针对申请项目的市场主体而言，中央的项目资源是公共资源，每个主体都具有获取和自主性使用的愿望，并在很大程度上忽视其效率。因为"属于所有人的财产是不属于任何人的财产"[1]，"公共财产会被不计后果地使用"[2]，这就容易导致不计成本地使用公共资源，最终出现"公地悲剧"。尤其是在缺乏契约精神的社会体系中，要解决公共资源使用效率低下和避免"公地悲剧"问题，其根本办法就是尽可能地对公共资源建立全面和明确的私有产权[3]，并按照市场竞争机制配置资源与进行市场化生产。所以，竞争性项目配置（包括项目申请、立项和公共产品生产的竞争性招标）和项目资金配套（加入地方政府资金和项目承担主体私人资金）由此形成一种竞争条件下有限产权激励和竞争效率。正如威廉姆森所言，"竞争方式本身或多或少要讲一些效率，只有通过竞争才能把资源转移到效率更高的部门"[4]。

---

① GORDON H S. The economic theory of a common – property resource: the fishery [J]. Journal of political economy, 1954 (62):124 – 142.

② LLOYD W F. On the checks to population [M] //HARDIN G, BADEN J. Managing the commons. San Francisco: Freeman, 1977: 8 – 15.

③ WELCH W P. The political feasibility of full ownership property rights: the cases of pollution and fisheries [J]. Policy sciences, 1983 (16): 165 – 80.

④ 威廉姆森. 资本主义经济制度 [M]. 段毅才，王伟，译. 北京：商务印书馆，2002：41.

作为项目市场化运作的竞争机制是在委托—代理结构的双边契约中完成的，其特点是建立两种竞争结构。一种是政府主体间的有限竞争。政府主体间的有限竞争可分为省际、县市际的竞争。中央政府通过政策规划，发布项目指南，然后各省和职能部门向中央政府对应的部委提出申请，通过竞争性评审立项确定各省的项目数。同理，省级政府和部门获得项目后要组织县市申请、评审和立项，通过各县市竞争性申请和评审以确定县市政府获得的项目数。而乡镇政府和村一级只掌握申请审批权（盖章审批权），不直接掌握项目评审立项的配置权、项目监督和验收权，所以乡镇村主体不具备竞争结构要件。

另一种是市场主体间的完全竞争。即县政府和职能部门获得项目后以同样的竞争方式实现项目落地到项目承担者，即本书所指的市场主体，由竞争性申请—项目主管职能部门组织评审立项—项目落地到项目承担者等环节组成。除此之外，还有一种高竞争性亚类型，就是公共产品项目建设招标的竞争，如果某项公共产品项目资金量大于政府规定额度，就要进行招标，把公共产品建设权通过竞争性招标发包到项目建设者手中，如果是小于政府规定数额的项目就直接指定某市场主体建设。

在以上两种类型的竞争中，作为掌握资源的权力主体以小数供给方 A 对大数的需求方 S1、S2、S3 等，来进行竞争性选择，以实现项目资源最优配置和有效配置，这是市场化的前提条件。按照威廉姆森的市场交易成本理论，在市场交易过程中，一个买主或卖主只有面对市场上众多的，而且可以相互替代的潜在顾客时，也就是市场上具有"大数"（the large numbers）供给或需求现象时，供给或需求资源充分，竞争就有条件形成。无论买主还是卖主都可以通过价格竞争和价格信息比对选择最优商品，以此通过市场竞争方式解决信息、激励等问题。在市场主体双方进入契约关系前，委托方即买方类似于市场上的"小数"（the small numbers），众多承包方即卖方类似于市场上的"大数"，二者之间形成市场竞争的"供求"关系。但是，如果委托方做出了选择，并与承包方建立了确定性的契约关系，那么，委托方与承包方就从市场上的"小数"对"大数"关系转入了一对一的特殊性双边关系。这时，市场上的"大数"变成了契约中的"小数"，市场竞争机制退出而不再发挥有效作用。此后，资源的使用效率就要通过产权激励而获取。①

但是，项目制只是在表面上具有"小数"对"大数"竞争性选择的特征，在实质上并不具有市场化竞争的基本属性，即供求双方不是通过价格竞争来形成选择的，这种竞争被弱化。

首先，横向政府主体（权力主体）间的市场化竞争弱化。无论从中央的委托方（卖方）到省级的代理方（买方），还是从省级的委托方到县级的代理方，作为委托方的"少数"可以对代理方的"多数"进行选择，即卖方对众多买方的选择，由此形成省际政府和县市际政府（代理方之间）的竞争关系。但是，这不同于市场上供求价格调节所形成的竞争选择，换言之，卖方不是根据市场上供求价格变动而做出最优选择的。在一般情况下，由于多数项目具有区域专属性特点，比如退耕还林、长江水资源保护、土地整理等，这些专属性是排斥竞争性选择的；代理方总是在可行性报告申请书上加载有利于自身的信息，也会产生大量的逆向选择。尤其是在项目资源竞争性配置中，由于科层制组织体系内的文化网络影响、监督体系功能弱化和剩余控制权等的叠加共振，作为买方的委托方与卖方的代理方的共谋的道德风险行为，将会消解部分的竞争结构。

其次，市场主体间的竞争弱化。这包含竞争性项目配置（项目申请、评审和立项）和竞争性招标虚化。市场主体间的竞争是在作为卖方的县市政府职能部门对众多作为买方的市场主体的选择中产生的，竞争性项目配置虚化机理同上。在一般情况下，县级卖方的项目主管部门在发布项目申请指南时并没有指定哪些地方或哪些申请者可以申请，但有些在做计划书时是有倾向性的。因为，在做计划书之前有些权力主体与市场主体有时会帮助"圈子"内的人申请项目，这里包含复杂和隐蔽的因素。比如地域性自然地理条件、信息对称优势以及相关的边际专属性因素优势等，我们可以把这些归类为硬件优势，这意味着申请者在申请前就有了这些硬件的先发优势，然后在评审中就能大概率通过立项。这些隐性操作行为并没有明显触犯合法程序，却使制度功能弱化。

除此之外，市场主体之间竞争弱化还包括招标的类型。上文已指出，在公共产品项目落地后，某公共项目资金量大于一定额度（例如大于 10 万元），

---

①　周雪光. 项目制：一个"控制权"理论视角［J］. 开放时代，2015（2）：82 – 102.

就要进行竞争性招标建设。这是一种由市场主体即项目承包方负责项目建设和生产的方式，其特点是项目所有者与项目承建者分离。在理论上，这是一种市场化充分竞争且富有效率的方式。县级主管项目的职能部门作为委托方把项目建设的招标委托给第三方，即政府主导的公共资源交易中心。然后，公共资源交易中心根据国家招投标的法律制度进行招标，而市场主体根据招标规则进行投标，胜出者获得项目建设的承包权，委托方掌握着项目建设的监管和验收权。这是一个具有"小数"对"大数"的完全竞争市场，围绕标底价格充分竞争，以出价最低者中标，这是国际普遍的做法。但是，有些道德风险行为和中间价中标原则破坏了竞争性。为了避免恶性竞争所引起的工程质量问题，普遍的做法是确定上限下限底价，以中间价中标，这样带来两个问题：一是泄露标底价或者在评审中打招呼，使"圈子"内的投标者中标；二是围标和控标，把"圈外"投标者排斥在外，等等。

二、项目制产权激励约束的虚化

产权激励约束虚化主要指地方政府项目资金配套虚化与市场主体项目资金配套虚化。前文已论述，项目竞争性配置（申请、评审和立项）和招标环节完成以后，项目制市场化竞争性效率激励就会中止。不完全契约的立项和项目建设合同书的签订开启了项目市场化产权激励约束，这意味着项目承担主体和项目建设主体在市场上以清晰的产权（私人财产）运作项目或建设项目。这种产权激励方式就是通过政府资金配套和加载项目承担者的资金配套所形成的产权激励约束。政府项目资金配套虚化和市场主体项目资金配套虚化与权力共谋高相关，这种关联性根植于政策执行过程中的"制度逻辑"，由于中央统筹与地方灵活性的制度张力，基层行动者为突破资源约束与考核压力，往往通过非正式协作实现目标，本质上依旧是结构性矛盾的产物。但是二者的区别是利益的主体性不同和产权的清晰度不同。

首先，有些地方政府项目资金配套虚化。有些地方政府项目资金配套虚化的主要原因是"公地悲剧"和地方政府财政资源刚性约束。一方面，来自中央政府的资金"人人有份"，无论是省还是市县政府或职能部门，不论通过什么渠道和方法能够获取上级政府项目资金，都是被鼓励的，所以包括有些省级政府在内的地方政府和相关监察机构并不注重获取资金的方式，只要中央资金不违规落入个人口袋，即使是获取方式违规，也会受到庇护。另一方面，由于有些地方政府特别是中西部地区某些省市县政府财力资源严重不足，捉襟见肘，所以地方政府没有财力按照中央配套要求予以配套，只能"变通"。特别是有些县级政府，通常采取"套用打包"方式来应付中央的项目资金配套要求。有些县级政府往往把类似的项目进行集中"打包"，套用中央与省级政府已拨付的项目资金以"冲抵"新项目要求的配套资金，由此导致配套资金空转和产权激励约束虚化。① 所以，尽管资金配套机制在一定程度上提升了地方政府争取项目资金的积极性，但并不能完全实现预设的产权激励约束目标。② 这种没有在实质上加载地方政府资金的项目配套根本难以形成产权激励约束。

其次，市场主体的项目资金配套虚化与产权激励约束失效。在理论上，加载市场主体配套资金是能形成产权激励约束的。这是因为，如果一个加载到市场主体的项目既有自身的资金（有较大占比），又有政府项目资金的投入激励，那么政府项目资金就会因为加载了自身资金而共同形成产权约束，而且加载自身资金越多，产权激励约束越高，市场主体越会规避市场的风险，从而提高项目资金的运行效率。然而，实际上有些项目资金没有产生理论上预设的效率，有时表现出项目资金配套虚化与产权激励约束失败，这主要是权力主体与市场主体产生道德风险行为的结果。比如由于有些地方政府财力的不足，他们往往物色经济条件好的企业来进行申报，由企业来筹集配套资金，但这些企业临时筹集配套资金后，会抽走配套资金以套取国家项目资金。

除此之外，还有一些市场主体的奖补项目资金配套的产权激励失效。这在上文已论述，在理论上，这应该是完全产权约束，具有高强度的激励性。因为市场主体根据市场供求价格的规律，以及政府奖补项目指南，先投入某项农产品的生产，即相当于项目资金配套，然后政府根据生产数量给予一定比例的补贴，简言之，先生产（或者说先全额配套），后奖补项目。但是有些道德风险行为导致完全产权激励失效。因为有些权力主体与市场主体的共

① 狄金华. 项目制中的配套机制及其实践逻辑 [J]. 开放时代，2016（5）：113 – 129.
② 黄宗智，龚为纲，高原. "项目制"的运作机制和效果是"合理化"吗？[J]. 开放时代，2014（5）：143 – 159.

谋行为使配套资金虚化，这很难从制度上制约这种信息不对称所带来的道德风险行为。

　　由此可见，项目制"科层制—市场化黏性结构"中委托—代理的剩余控制权、权力文化网络与制度限度等要素的共振与叠加，往往形成了道德风险行为的基础，弱化和虚化项目制的市场化资源配置和项目资金配套的产权激励约束，从而导致效率的耗散。

第六章
项目制"科层制—市场化黏性结构"的悖论与效率改进

项目制"科层制—市场化黏性结构"的悖论主要由科层制与市场化融合、项目制的非耗散性与政治合法性（政治认同）悖论组成。在科层制中"嵌入"市场机制，所形成的是浸润式结构，二者之间没有明晰的边界，有些权力渗透到市场体系之中，市场不能独立于科层体系而产生竞争和产权约束，项目制的市场效率由此难以形成。这不同于新公共管理运动的"非黏性"外挂平行结构。就是在科层制外加挂市场机制，形成两个相对独立的平行体系，二者之间有明晰的边界，权力止于市场边界。项目制本身具有很强的政治合法性功能，项目制的效率耗散越强，政治合法性可能越弱，所以提高和改进项目制的效率必然遭到政治合法性的抑制，由此形成第二层的悖论。这意味着项目制效率改进的空间变得十分有限。

第一节　项目制"科层制—市场化黏性结构"的内在悖论

项目制"科层制—市场化黏性结构"的悖论是在中国特定的文化网络和权力结构背景中形成的。在有些权力集中的科层制和复杂的文化网络社会中，项目市场化机制的加载与嵌入，如果缺乏强有力的监督体系和相关法律制度保障，那么国家项目不仅不能通过竞争和产权激励约束的市场化机制来提高效率，反而进一步导致效率的降低和损失，由此形成了科层制与市场化融合的悖论。要解决这一悖论，唯一的办法就是制度建构，即完善项目运作的相关管理制度和权力监督体系，从而抑制文化网络的负外部性。对于国家而言，这意味着国家付出更高的行政成本，由此引发制度供给与交易成本的外溢性悖论，这已在上文做了分析。不仅如此，项目制本身具有很强的政治合法性（政治认同感）功能，项目制的非耗散性越强，政治合法性可能越弱，由此形成第二层的悖论，即项目制政治合法性与效率非耗散性的悖论。

一、科层制与市场化融合的悖论

专业分工、等级化、规则的遵从和非人格化是马克斯·韦伯提出的理性官僚制（科层制）的基本特征[1]，在理论上，理性化程度越高，其效率也就越高。但是，在行政组织架构中，实际的科层制组织难以达到理想状态的效率。特别是其缺乏灵活性的组织以及权力寻租行为，造成了政府管理的低效率，所以布坎南和缪勒提出了公共选择理论，在政府管理中引入市场化竞争机制，放松规制与行政分权等，由此掀起了西方国家新公共管理运动。[2] 此后，里根和撒切尔在公共选择理论的影响下提出了新政，着重推进政府管理市场化改革。特别是在公共产品生产与供给方面，强力推进政府退出垄断性生产，尽量采取市场化竞争方式。其主要特点是：政府与市场之间建构了明确的边界，在充分竞争的条件下，政府与市场主体签订生产与供给合同时，政府权力就马上退出，市场开启，进行公共产品的生产与供给，竞争的核心是价格与产品质量竞争，产权约束产生效率。其主要方式为合同出租（竞争性外包）、凭单购买。[3]合同出租就是公共产品生产通过竞争性招标，外包给市场主体，由其生产公共产品，避免科层制直接操控所产生的权力寻租。其效率来源于最低标的价竞价、法律保障和政治游戏规则的权力约束，这三个平行规则互为条件，缺一不可，是政府权力止于合同而不能进入市场的根本。而凭单购买是市场化程度更高的一种方式。凭单称为代金券或者政府发的消费券，通常用于政府向符合某

① 韦伯. 经济与社会 [M]. 林荣远，译. 北京：商务印书馆，1997：242 - 246.
② 布坎南. 自由、市场和国家 [M]. 吴良健，桑伍，曾获，译. 北京：北京经济学院出版社，1988.
③ 宋世明. 美国行政改革研究 [M]. 北京：国家行政学院出版社，1999：22 - 33.

种条件的社会公众或者特定群体提供公共产品和公共服务的制度安排。国外的凭单制起源于教育领域（教育券的设想与实践），此后被广泛应用于幼儿保健、养老、医疗卫生、家庭护理、失业工人培训、救护车服务、文化服务、环境保护等领域。① 进而言之，就是指政府向有资格消费某种公共服务的个体或群体发放购买凭单，然后由他们拿着凭单在政府认定的多元化市场主体中选择符合自己需求的供给主体，凭单成为某公共服务的"消费者"与市场、市场与政府之间的交易凭证，最后由政府兑换为现金。政府在购买公共服务的过程中，实行凭单制的效率产生于经济学不完全信息和分散化决策理论，即一个良好决策的前提条件就是要具有充分的信息对称，但其实任何人都不可能充分掌握任何其他个人的信息，在不完全信息条件下，分散化决策比集中化决策更有效率。② 所以，个人对自己的个人情况和利益需求要比政府清晰得多，并且能够为实现自己的利益而更好地行动。③ 而且各市场主体在价格和质量上相互竞争，为凭单持有者提供更好的选择。显然，凭单制只要确立资格条件审查、开放入口，换言之，凡是符合条件的市场主体都可以进入凭单选择的范围，由此资源的配置权交给了消费主体即凭单者，生产也就交给了市场主体，效率来源于产品的价格与质量的竞争。所以，无论是合同外包还是凭单制，都是在中止行政配置权力进入市场体系的前提下由市场竞争性运作与产权激励约束来产生效率的，这是新公共管理运动将政府管理引入市场的内在逻辑。这也意味着，市场就是市场，科层系统就是科层系统，二者必须有明确的边界，权力必须中止于市场边界，否则，就会产生"科层制—市场化黏性结构"，市场竞争与产权约束就会失灵。所以，从这一视角来看，科层制与市场化在本质上是相悖的，西方国家在科层制中引入市场化竞争机制并不是两个系统的结构融合，而是在科层制外加挂市场体系，并建立可转换机制，以共同完成公共产品的生产与供给，从而避免由科层制带来的生产与供给公共产品的低效率及其引发的腐

① 萨瓦斯. 民营化与公私部门的伙伴关系 [M]. 周志忍，等译. 北京：中国人民大学出版社，2002：84.

② 刘晓洲，窦笑晨. 凭单制政府购买公共服务：一般机制与中国实践 [J]. 天津行政学院学报，2019 (2)：11 - 18.

③ 穆勒. 政治经济学原理及其在社会哲学上的若干应用 [M]. 胡企林，朱泱，译. 北京：商务印书馆，1991：536.

败行为。

由此可见，从表面上看，项目制是把市场方式引入科层制中，即通过自我申请的竞争性配置、公共产品项目生产竞争性投标和项目资金配套（产权激励约束）市场化方式形成一种国家治理体制，以实现其效率。所以，似乎在理论上和实践上科层制与市场化是可以融合的，但是这种融合是以效率的耗散与损失为代价的。与新公共管理运动将政府管理引入市场化运作结构不一样，主要表现为权力渗透结构。换言之，不是在科层制外加挂一个相对独立的市场体系，权力并没有止于市场边界，而是以正式制度与非正式制度方式渗入市场的各个方面，比如项目配置（立项）、项目生产的招投标和验收等，形成一个权力主体、生产者与消费者的共同体。这样，项目制基本上不是在一个相对独立的市场中运作的，或者说不是通过消费者的市场选择与产品价格和质量竞争机制运作的。所以，项目制试图实现科层制与市场化的融合，打破二者的悖论是困难的。正如冯仕政所言，项目制实际上是一种行政发包制，这种 "国家政治市场" 的理论假设，并没有很好地解决国家政治性与市场性的悖论问题。[①]

这表明，项目制实现项目效率治国，就要进行结构性改制与基础性条件创制。一是在项目制运作中科层体系与市场体系之间要有明确的边界，权力止于市场边界，市场只能加载在科层制之外，并与其平行。二是无论是项目资源配置还是项目产品的生产都应该由市场价格与产品质量竞争来完成，最终由消费者的需求来推动。三是公权力止于市场边界的方式与前提：一方面，改造和完善合同外包制（招投标），改造凭单制，怎样使用项目资源由消费者来发挥作用；另一方面，在建构有效的监督体系外建构民主参与机制，使项目资源在一个玻璃箱体中运作，这是防止权力渗入市场体系的根本。

二、项目制效率非耗散性与政治合法性的悖论

本书的 "政治合法性" 主要基于政治上的内涵，是指被认可的某种政治

---

① 冯仕政. 政治市场想象与中国国家治理分析：兼评周黎安的行政发包制理论 [J]. 社会，2014（6）：70 - 84.

秩序和价值①，国家既能提供有效安全的秩序，又能保证公共理性和制度的正义②，由此形成民众对政治体系和政治价值的认同感，并外化为一种政治秩序与国家—社会的理性行为，所以项目制的政治合法性就是由其产生的政治认同感，即国家通过项目制成效的展现，使民众尤其是村民对中央产生政治认同感和自觉地服从，同时作为一种政治资源弥合和强化科层制的黏合力与对中央的认同感。项目制所产生的政治合法性主要通过两个方面形成。

一方面，项目制提供了更多的公共产品，改善了民生。从这些年项目运作的结果来看，项目制确实有效地推动和实现了国家政策意图，尤其在公共产品的供给和促进农村经济发展等方面，更加明显。广大民众体会到中央直接提供的实实在在的利益，例如，修建崭新的村级公路，国家帮助高山村民下山，精准扶贫，小孩营养餐供给，学校维修，村庄道路硬化，生态林维护，尤其是还要帮助致富，如生猪牛羊水产等养殖补贴、猕猴桃园补贴等，所以广大民众十分感谢党中央。即使在项目制运作中有时出现腐败或农村项目效率低下现象，但广大民众仍认为"中央是好的，只是某些地方官员腐败"。在我们的农村调研中，可以明确地判断，农民对党和政府的认同感在很大程度上来自这些改善民生和促进经济发展的项目。

另一方面，弥合了国家政权"内卷化"所造成的科层制断裂。1994年分税制实施以后，县乡政府的财政遭遇到了很大危机，尤其是在20世纪90年代末和21世纪初，县乡政府通过"营利性经纪人"村组织干部收取"三提五统"（指村级三项提留和五项乡统筹）。村级提留是村集体经济组织按国家规定从村民收入中收取一部分资金用于村一级生产扩大或维持、公共事业维护和村级组织日常管理开支费用的总称，即公积金、公益金和管理费这三项费用。乡统筹费是指乡（镇）政府依法向辖属单位包括村办企业、联户企业和农户收取的费用，其中主要包括乡村两级办学的教育事业附加费、计划生育费、民政优抚费、民兵训练费、水利道路费以及不规范的费用，以弥补基层政府的基本运行财力，由此导致国家政权的"内卷化"。③ 其主要的表现形式是中央对

　　① 哈贝马斯. 交往与社会进化 [M]. 张博树，译. 重庆：重庆出版社，1989：118.
　　② 罗尔斯. 万民法 [M]. 陈肖生，译. 长春：吉林出版集团有限责任公司，2013：24.
　　③ 杜赞奇. 文化、权力与国家：1900—1942年的华北农村 [M]. 王福明，译. 南京：江苏人民出版社，2003.

地方政府、上级政府对下级政府，尤其是县级政府对乡镇的动员力和乡镇对村级组织动员力的减弱。换言之，科层制呈现半断裂状态，其根本原因就是县级政府对乡镇和乡镇对村级组织在经济上不仅不能提供帮助和支持，反而还要汲取经济资源，这就动摇了经济上的依附基础。所以，除了沿海发达地区、城市郊区或者经济发达的村庄，村级领导职位对村庄"精英"尤其是中西部村庄"精英"没有吸引力。这一现象直至取消农业税和项目制不断推进以后才得到改变。特别是近 10 年来，大量中央项目涌进乡村，虽然通过国家对省和省对县二级委托—代理，使县级政府在项目制管理实施中获取剩余控制权，但也设置了剩余控制权的下层外溢，即村级组织和乡镇基层政府分别掌握了项目申请的初审和二审盖章批准权，这在表面上是一种经济上的控制权，实际上是一种经济控制权上的政治权力，这种控制权对于村级组织而言更有意义。因为信息对称和关系优势，作为村庄"精英"的村干部更容易俘获项目而获取利益，进而对村干部产生强大的正激励，以抵消村干部报酬微薄的负激励。所以，项目制不仅使乡镇和村级组织产生了权威，弥合了国家政权"内卷化"所造成的科层制断裂，保持了科层制的延伸性和有效性，而且激发了干部对政党和国家的认同感，在背后展现出强大的政治功能。

然而，如果项目制能在一个规范的平台上运作，正如预设的那样，通过市场化竞争和产权约束，县—乡—村权力者没有共谋道德风险行为的空间，其效率就会产生非耗散性，那么，由项目制利益而强化的科层制就会弱化，进而导致项目制的推动力减弱。近年来的情况表明，由于党中央和政府在基层反腐上力度很大，查处了很多项目制运作中的腐败行为，对项目制运作中相关权力主体产生了较大的威慑力，共谋行为得到了一定程度的遏制。对于科层制部门而言，项目没有给本单位或本部门尤其是个人带来利益，却带来了很大的工作量和担责风险。所以，县级政府与部门向省级政府跑项目、要项目的积极性大为减弱，甚至一些部门怕项目和拒项目。这意味着，项目制效率的非耗散性一方面增加了普通民众对中央的政治认同（政治的合法性），另一方面损害了科层制内部黏合力及其权力延伸进行政治动员的有效性，而且削弱了项目制对地方政府及管理人员的激励，一定程度上消解了项目制从上至下的推动力和中央政策的实施激励性。

显然，这在学术上展现了一个明显悖论：项目制效率的非耗散性与政治合法性负相关，也与项目制的推动力呈负相关。这意味着项目制效率建构也存在明显的、内在的制度悖论，这些都是学术研究的好议题。

第二节 项目制效率耗散的改进

权力寻租（rent – seeking）与共谋在本质上是权力主体和市场主体结合的产物，权力寻租是市场经济制度不完善的漏洞，也是社会转型条件下国家激励在与市场激励的对抗中处于下风的结果，只要权力主体掌握资源的配置权，就会存在超额租金，寻租共谋就成为可能，所以作为包含大量经济资源配置权的项目制不可避免地产生权力寻租，这是由权力特性与市场主体的天然亲和性所决定的，也是由项目制"科层制—市场化黏性结构"所决定的。在项目制"科层制—市场化黏性结构"中，由于县级端项目管理是权力主体与市场主体的勾连环节，权力寻租与共谋最容易在这一管理环节上产生，所以项目制效率损失主要发生于这一环节。要改进和提高项目制的运作效率，就要在县级端建立系统的权力监督体系和有效的项目管理机制，由此防止和减少权力寻租和共谋。因而从主观和客观两个方面入手来封锁权力寻租的通路是抑制这一现象的关键。权力寻租的客观条件是市场经济不够完善，国家对于微观经济的不当操控和干预较多，特别是拥有分配经济资源的权力。在双轨制的条件下，政府依然能够直接管理经济资源，甚至对于资源的配置方式和配置结果具有决定性的影响力。因此，消除租金市场的制度基础是重中之重。

一、建立严密有效的监督体系

项目制是以"委托—代理制"的方式展开运作的，即中央部门把项目委托到对应的省级职能部门，然后省级职能部门把项目委托到对应的县级职能部门，最后由其全面负责实施管理和完成项目目标。在这一委托—代理过程中，省级政府职能部门与县级政府职能部门形成不完全契约，并保留一定的控制权（检查监督），而县级项目管理者在契约中获得了充分的剩余控制权（发包、评估、验收和奖惩)①，这是由中央项目数量过大和项目分散性所决定的。因为中央和省级职能管理部门无法直接操作和管理如此大数量和分散的项目，必须把这些项目的发包权、验收权和部分监督权向下层层委托，直到县级政府和职能管理部门，所以县级政府和职能管理部门在项目管理上实际获得了项目发包权、验收权和监督权三权的同体权以及很高的自主性。在这种情况下，纵向与横向监督就会面临较大的困境：一方面，虽然中央和省级职能管理部门在项目落地后仍然保留着一定的监督权，但由于多层级的信息反馈衰减，以及参与寻租的权力主体往往有意对不利于自己的信息进行屏蔽，这种基于科层组织特性的信息耗损机制，实质反映了政策执行链条中，基层行动者为应对目标考核压力与资源约束，通过非正式信息筛选实现策略性自保。因此中央和省级政府职能管理部门在信息不对称的情况下对下面的高自主性权力进行有效的监督和约束有一定的难度。即使发现了一些问题或者线索，也会因为财力物力以及查处的难度而无法得到及时有效的处理。另一方面，在"三权"同体和高自主性的机制下，有些文化网络渗入项目制运作之中，使纵向和横向监督变得困难和低效率。文化网络是指由诸如血缘、地缘、庇护人与被庇护人等组成的非正式组织或人际关系网，遵循于社会中所形成的习俗规范。② 存在于文化网络中的权力主体和市场主体之间往往因为强信任关系和相互之间的利益激励而优先性结合并产生共谋。权力主体就在项目申请、发包和验收中利用自由裁量权和专业化信息的不对称优势帮助市场主体（自己人）获利，市场主体会利用这一文化网络寻求权力主体的帮助而形成利益共同体。由于自由裁量权和专业化的排他性优势以及文化网络的高信任度影响，权力主体与市场主体的共谋寻租行为很难受到一般性监督机构的有效监督和查处，这既暴露了传统监督体系对非正式制度渗透的治理盲区，也凸显了国家治理现代化进程中制度供给与治理需求的深层矛盾，由此进一步滋养了这一领域的共谋寻租环境，使其成为腐败的高发区。这就要求建立专门的和基于技术理性的项目监督机构以遏制权力寻租共谋行为，更需贯彻党的十九届四中全会"坚持和完善党和国家监督体系"

---

① 周雪光. 项目制：一个"控制权"理论视角 [J]. 开放时代，2015（2）：82 - 102.

② 杜赞奇. 文化、权力与国家：1900—1942 年的华北农村 [M]. 王福明，译. 南京：江苏人民出版社，2003：10.

的战略部署，通过数字治理技术压缩非正式操作空间，在全面从严治党引领下构建清新型政商关系。

（一）建立专门的民生项目特派监督机构

民生项目特派监督制度创新于贵州省毕节市。2013 年，毕节市面对数量巨大的中央民生项目和项目实施中多发的寻租腐败现象，创立了民生特派监督制度，就是以"市领导、县区管理、乡镇设置"为基本架构，以重大民生项目作为监督对象，积极整合纪委监察机构、纪工委监察分局与乡镇纪委的力量，以乡镇为单元设置民生项目监督特派小组，专司民生项目的监督。① 在此基础上，民生项目的监督还延伸到村组，即在村建立民生工作监督委员会，在村民组建立民生工作监督组，由此开展末梢监督、兜底监督。② 这一监督机制的主要特点就是专门性和独立性较强，在多年的实践中呈现出较好的监督效果。但是由于其至高性不够，容易受到文化网络的影响而形成庇护关系，导致监督效能的边际递减，这在本质上反映了单一层级监督力量难以抗衡地方性知识网络的制度韧性。所以要以"省统领、市（地级市）管理、县设置"为基本权力架构，积极整合协调监察委员会的力量，以县为单元设立项目监督特派小组，负责对县级各类项目的监督。这类型组织的权力架构就是由省监察委员会统一领导，市级监察委员会管理，县级项目监督特派小组负责具体工作，既对上负责，又与县级党委政府和监察委员会保持协调关系的一种机制。由于这一监督组织是以"条条"化为主的权力设置，并担负专门的项目监督职能，具有至高性、独立性和专门化特点，通过垂直管理体系的权威重塑，有效压缩了地方非正式运作空间，符合十九届中央纪委"推动监督向基层延伸"的改革导向，所以能在一定程度上破除基于文化网络所形成的圈内权力操控项目和共谋寻租行为。该制度的演进轨迹彰显了新时代监察体制改革"系统集成、协同高效"的实践逻辑，为破解基层治理中的制度性共谋提供了可复制的中国方案。

---

① 朱江华. 为基层监督"撑起腰杆"：贵州省毕节市设立乡镇民生项目监督特派组的实践与探索 [J]. 中国监察，2013（15）：36 - 37.

② 温丙存. 特派式、专门性、全程化的项目监督：项目制基层监督的地方创新及其实践逻辑 [J]. 中国行政管理，2017（6）：18 - 23.

（二）完善"火警监督"机制

"火警监督"是指项目招投标过程中投标人向特别的监督机构举报招投标过程中的违法违规行为。目前从监督机制来看，虽然在招标程序上设置了相关举报监督机制，但由于缺乏统一、协调、高效的行政监督申诉机制和信息公开，所以难以形成一套完整的行政监督申诉支持体系。① 这就要求：一方面，进一步完善招投标过程中的相关信息公开制度，提高内部信息外溢传递和参与投标人员的相互监督能力；另一方面，建立行之有效的项目招投标举报投诉平台，并把这一平台网络信息对接省市相关行政主管部门电子邮箱或者专门项目监督特派机构，并对举报人进行多元激励，由此形成有效联动的"火警监督"机制。②

（三）应转换治理思路，完善市场对于经济的调节功能

尽量消除政府对经济的不当干预，降低其对经济资源配置的影响力，从而使理性经济人不必以租金换取特权。如布坎南所述，项目制可以通过公开拍卖特权而使这一层次的租金耗散。另外，应推动政务公开，保证公众对于项目的知情权，要求相关部门定期公布项目制的进展情况，对于招标的标准和对象应公开全部细节，从而提高项目制的透明度，增强公信力。权力寻租的主观条件是对于政府官员的国家激励弱于市场激励，以至于一些作为"理性经济人"的政府官员为谋取个人利益而置国家利益和人民利益于不顾。因此，增强国家激励是抑制权力寻租的关键。首先，应增强正向国家激励的强度：在物质上，应保证政府官员的收入与其付出的社会劳动适当，鉴于我国的实际情况，可采取减员增薪或中薪保廉的政策，降低租金的诱惑力；在制度上，应建立职业道德评价机制，定期进行自评和互评，并鼓励民众参与打分，对风评较好的官员予以奖励，建设健康向上的行政文化；在思想观念上，应加强教育，弱化利己主义和个人主义的观念，增强社群主义的意识，牢固树立正确的世界观、人生

---

① 赵振铣，向强. 我国政府投资项目招标投标的监督机制设计 [J]. 经济师，2005 (2)：13-14.

② 李韬. 项目制效率损失的内在结构与改进 [J]. 行政论坛，2019 (3)：23-30.

观和价值观，鼓励践行社会主义核心价值体系，坚持严以修身、严以用权、严以律己，从而促进廉政建设，维护清正廉洁的政治风尚。其次，还应增强反向国家激励的强度：在法律和纪律的规制上，应完善相关法律和纪律对于寻租型职务违规及违法犯罪行为的规定，严肃法纪，做到罪责刑相适应，有错必纠，有罪必罚，从而起到对权力寻租的预防和震慑作用；[①] 在监督和检查上，应尽力提高稽查成功的概率，降低稽查监督的成本，鼓励民众对于寻租现象积极进行检举揭发，增加权力寻租的成本；在名誉上，应建立诚信档案，对于参与权力寻租的官员，一经查实，即刻通报批评，并记入诚信档案。另外，由于寻租官员多因集体责任机制而抱有责任扩散和法不责众的侥幸心理，因而有必要明确责任范围，建立集体责任和个人责任的双重追责机制，在心理上加以警醒。

（四）对于普惠性质尤其是特惠性质项目资源倾斜

马太效应源于项目制目标的内在逻辑矛盾。一方面，项目制旨在解决分税制改革后财权事权不平衡的问题，向基层提供资金和政策支持以提高公共服务的供给水平；另一方面，项目制试图调动地方同时予以资金支持，要求地方提供资金配套并进行前期准备工作，这一标准便将最需要项目支援以提供公共服务的弱势地区排除在外。因此，针对我国地区之间发展不平衡的国情，应将项目分为普惠性项目和特惠性项目，分别制定不同的选拔标准和考核标准。普惠性项目可面向任一地区，并继续要求资金配套和前期准备工作，以便促进竞争，保证项目的执行效果。特惠性项目应只面向经济发展较落后的地区，并不设资金和前期准备的较高门槛，只考察基本资质即可。考核的侧重点也应有所不同，普惠性项目的考核不仅应关注公共服务的供给情况，还应关注对于当地经济发展的带动情况，而特惠性项目应将公共服务的供给水平作为考核的绝对重点指标。政策上向落后地区倾斜有助于缩小地区之间的差距，促进社会公平，使改革发展的成果由全体人民共享。

---

① 陈家建，张琼文，胡俞. 项目制与政府间权责关系演变：机制及其影响 [J]. 社会，2015，35（5）：1-24.

二、完善项目制的相关管理制度

在项目制管理中，项目招标和项目验收是产生权力寻租共谋的主要环节，所以要从源头上减少和消除权力寻租共谋行为，就要进一步完善专家评审机制、不断推行最低价中标模式、强化项目验收管理和完善民主参与机制。

（一）完善专家评审机制

在项目的公开招标中，项目评标专家是第三方独立主体，主要负责评标工作。当前，突出的问题表现为评审专家的倾向性评标，如串通其他评委为某投标人打高分等违法违规行为，被动地参与招标人、招标代理人和投标人的共谋行动。这种情况的形成原因是：一方面，当前相关法律制度对违法违规的评审专家缺乏强有力的惩处，不能形成约束力。比如《评标委员会和评标方法暂行规定》的规定，对违规违法的评标委员会成员或者有关工作人员处三千元以上五万元以下的罚款，并取消其担任评标委员会成员的资格。另一方面，项目评审专家名单信息外泄，导致招标人、招标代理人（公共资源交易中心的管理人员）和圈内投标人与评审专家共谋。所以完善专家评标机制的主要着力点是在提高专家评审费的基础上，加大力度对评审专家的违规违法行为进行惩戒，真正在评审专家心中树立法律界限，使其不敢参与共谋行动。与此同时完善和加强对评标专家的信用考核管理，建立评标专家信息评级制度和评标专家档案查询数据库，对声誉好的评标专家进行正向激励，对参与共谋的违规违法评标专家进行披露和惩罚。①

（二）不断推行最低价中标模式

最低价中标（报价最低中标的评标方式）是一种公开、公平和竞争的有效机制，也是铲除项目招投标中权力寻租共谋的最有效方法。当前，虽然新的《政府采购货物和服务招标投标管理办法》（财政部令第 87 号）提出了最低价

---

① 霍正刚，张敏莉. 评标专家参与招投标合谋的博弈分析与防范对策 [J]. 技术经济与管理研究，2016（9）：20—24.

中标方式，但没有做刚性要求，并对最低价评标提出附加性审查条件，如评标委员会成员指出投标人的实际报价明显低于市场化的报价，极有可能因报价过低导致产品质量不合格或者无法诚信履约的，应当要求其在评标现场合理的时间内提供书面说明，在必要的情况下需提交相关证明材料；如投标人无法自证报价在合理的区间内，评标委员会应当一致商议将其作为无效投标处理。然而，推行最低价中标，首先要完善项目招投标相关配套的法律制度，如履约担保制度（若由于低价引起质量事故或者工期延误等问题，履约担保可最大限度地挽回建设单位的损失），通过履约担保来约束和调整中标人违反契约的行为。

（三）强化项目验收管理

在县级的项目制运作中，县级项目主管部门的项目验收权来自省级或者市级项目主管部门的委托性授权。表面上，项目主管部门特别是县级项目主管部门的成员不能直接掌握项目的招标发包权和大型项目建设的监理权，但实际上他们可通过内部的操纵实现"三权"的同体性。在这种情况下，如果来自省级或市级的项目主管部门不能对项目验收过程进行有效监督（一般监督的方式是抽检，数额很大且技术含量高的项目由上级组织验收），那么，县级项目主管部门的成员就会在项目验收过程中拥有很大的权力和自主性。特别是在不经过招投标的小项目验收中，如退耕还林、养殖等，更容易如此。所以，在项目验收中验收主体与市场主体共谋最容易产生。解决这一问题的根本办法就是强化相关招投标和验收信息公开和监督，通过网络和公示栏等平台公开项目的详细信息，使更多的群众参与监督；同时增加省级项目主管部门对项目验收的抽检频度和督查力度，强化专门项目监督机关的监督，使项目验收中的管理主体与市场主体的共谋行为得到有效的调整和约束。

（四）完善民主参与机制

项目制效率耗散的另一个重要因素即政绩本位的思想，项目制因其能在短时间内满足政府官员的政绩追求而受到青睐，也因政府官员的政绩本位观念而导致政策目标扭曲，因此摈弃官本位而树立民本位和服务本位的指导思想非常重要。在项目资金投入的领域上，应倾向于真正能为人民带来实在利益的工程，特别是应重点关注虽不能快速见效但具有深远意义的领域，如教育和养老等，尽量杜绝政绩项目和"雪花膏"工程，谨记莫将惠民工程变成了扰民工程。此外，应突出民众作为受益主体的地位，在项目的决策和运作过程中应建立起民众参与的制度化渠道，采取走访调查、听证会等方式，充分听取民众的意见和建议，尊重人民参与和表达的权利。尤其不应采取强迫或变相强迫的手段迫使民众接受政府的安排，对于部分民众特别的利益诉求应妥善处理，不应为推进项目的顺利进行违背为人民服务的初衷。在项目成果的考核方面也应鼓励民众积极参与，同时建立起上级政府、同级相关部门和社会多方监督的体制，使项目制的运作透明化，便于及时纠偏。

三、项目"指南引导—后期奖补"运作模式改进空间与转型

上文已论述，项目制市场化运作的效率耗散主要归因于"科层制—市场化耗散结构"的权力共谋下，竞争性项目配置与公共产品项目建设竞争性招标虚化、地方政府项目资金配套与加载个人资金产权约束虚化，这是由项目制中科层制与市场化、规制（委托—代理、权力文化网络与制度限度）与交易成本、项目制的政治合法性与效率非耗散性的三重悖论所产生的。进而言之，只要委托—代理存在，就会产生不完全契约的剩余控制权，这时，只要权力文化网络与剩余控制权相结合，就会导致监督和相关管理制度约束效率的降低，由此产生权力共谋，反过来削弱相关制度的约束，最终导致项目制市场化效率耗散。解决办法就是建立强有力的监督体系以及完善的项目制运作机制，但会产生很高的交易成本。这意味着，以上监督机制和相关管理制度的完善只能在一定限度内提高项目制的运作效率。但是，项目制的政治功能是十分明显的，而且能在很大程度上改善农村生产生活基础设施，实现国家政策意图等。所以，即使项目制存在效率耗散，也会成为科层制中的一种国家治理方式。

结构决定功能，调整和优化项目制的运作结构，提升项目制运作效率是有一定空间的，关键要在项目制市场化结构上做文章。上文已论述，项目制的效率耗散主要是权力共谋下竞争性项目配置与公共产品项目建设竞争性招标虚化、地方政府项目资金配套与加载个人资金产权约束虚化。对于"四重虚化"

所导致的效率问题，除加强权力监督以及将"中间价竞标"改为"最低价竞标"以外，就是在项目制产权激励上拓展空间。

（1）对项目进行分类和加载市场主体资金。首先把其分为经济发展项目和公共产品项目类组；然后在此基础上根据项目的特性把二者进行细分，根据不同层次的类别确定奖补或配套系数，教育医疗等民生产品项目除外（不要求配套）。缺乏公共理性，而富有个人利益理性，是普通人所表现出的突出特点。对于公共资源尤其是来自中央政府的公共资源，他们有"谁有能力弄来，谁可用"的思想，但是，只要加载了自己的经济资源，即使是一分钱，他们都会关注和争得充分的话语权。所以，包括公共产品项目在内的多数项目，尤其是经济发展项目，应该尽可能地要求项目承担者和受益者加载私有资金以进行产权激励约束。其原则是：凡是有经济条件加载的一律要求加载。

（2）建立"指南引导—后期奖补"模式。该模式深度契合"十四五"规划关于"深化供给侧结构性改革"的部署要求，国家按照政策意图和地区需求制定项目指南，并在指南的基础上确立各省的项目资金，然后地方政府（县）发动项目指南宣传，并对后期项目申请进行指导，包括项目指南的类型、后期项目申请的条件及要求、奖补资助的比例、申请失败的风险等，充分融合"有效市场与有为政府更好结合"的治理理念。最后，建立专业化项目评估体系，由第三方评估主体（市场主体）和省市职能主体进行项目抽检。这一模式的效率机制在于：一是项目实体信息的确定性在很大程度上减少或清除了委托—代理中不完全契约所产生的剩余控制权，以及由其产生的逆向选择与权力共谋的道德风险。当制度设计能有效压缩非正式操作空间时，基层"共谋"行为的制度诱因将得到系统性弱化。因为委托者对项目承载者（代理者）书面申请的信息有不对称性或者委托者与代理者共谋将会随着前期运作环节的消除而消失，直接以实物评估为基础更加具有确定性以及有利于监督，而且项目制管理的交易成本也会随着这一前期环节的消失而降低。二是以实体项目申报在客观上先期加载了项目承载和受益者的配套资金，即使项目评估出了"共谋"或者某技术问题，配套资金等于或小于项目的先期投资成本，这时，对于公共产品项目而言，项目承载和受益者仍然能够获得收益而产生激励。这种激励约束机制创新，本质上是通过产权明晰化推动"政府—市场"关系向法治化轨道转型。但是，对于经济发展项目而言，尤其是参与市场竞争的项目，如果此项目的产品在今后市场上出现亏损，那么，项目承载主体自然会形成自我约束而不会跟进项目。反之亦然。这就是说，参与经济发展项目的资金已经成为有明晰产权的"自有"资金，并参与了市场的运作而获利，所以"指南引导—后期奖补"适应于经济发展项目，今后的项目制应该主要转型到这一模式中，对于这一模式的研究还有很大的空间。建设结合《中共中央 国务院关于加快建设全国统一大市场的意见》要求，进一步探索项目制与市场准入负面清单制度的衔接机制。

第七章

讨论与结语

上述研究，从国家、社会与市场视角分析了项目制"科层制—市场化黏性结构"的效率耗散逻辑。在科层组织与市场相互浸润的、没有明晰边界的"科层制—市场化黏性结构"中，剩余控制权—权力文化网络—制度限度等因素的叠加共振，产生道德风险行为以及逆向选择，从而弱化市场的竞争性项目配置与产权激励约束，进而导致项目制的效率耗散与损失。在此基础上，本书解析了项目制中科层制与市场化融合的内在悖论、项目制效率非耗散性与政治合法性的悖论。显然，项目制效率耗散是由这种"黏性结构"所决定的，很难通过深度的结构调整有效地解决，一般层面上的制度改进和修补只能有限地减少或缓和其效率的耗散性。但是，从项目制的产生历史和过程来看，一方面，不论其效率有多大程度的耗散性，但与"集中力量办大事"国家治理体制的耦合决定了其存在的现实意义和历史价值；另一方面，技术理性与"精英俘获"的困境是项目制"黏性结构"所呈现的痛点，需要国家在治理现代化中予以破解。

一、"集中力量办大事"的国家治理体制与项目效率耗散的历史逻辑

项目制既是一定历史时期国家治理结构变迁的需要，又是"集中力量办大事"国家治理体制中不可分割的重要构件。1994 年分税制改革之前，国家行政管理体制为在单一制下的行政有限分权和"分灶吃饭，财政包干"的财政体制，激励着地方政府的生产积极性和市场、社会的活力，但导致了中央经

济资源的不足和动员力的衰弱，并隐性增加了地方政府与中央的博弈能力，由此在很大程度上削弱了中央政治权威和统合力。所以，中央在考量权力集中与适度行政分权平衡以及市场活力的前提下，实行中央财政能力的集中，于1994 年开启了分税制改革，并且构建了中央政策实施能力和自上至下的"任务驱动型体制"。即通过"一票否决"层层压任务，如计划生育、维稳、安全等，最后在基层政府中形成"上面千条线，一面一根针"的格局。20 世纪90 年代末和21 世纪初，中央在实行财政高度集中的同时，创制了"行政发包"的"条块"管理机制，以及中央财政转移支付制度，尤其是开启了中央专项财政转移支付制度，以实现中央过度财力的再分配和平衡。"行政发包制"是基于解决五级政府中政策执行低效率及"走样"和地方政府分权不足问题，特别是在基层政府任务驱动型体制下的政策偏离与失效问题。"行政发包制"是学者周黎安从企业理论中引入政府治理结构的一个概念，与马克斯·韦伯的理性科层制相对应，是行政组织中层级之间的"内部发包制"，即在中央权威下，嵌入上级对下级的发包关系。通过责任状的签订，下放事权，赋予下级政府大量的自由裁量权。中央只保留部分决策权和干预权，然后中央通过绩效考核，进行经济和干部人事晋升双重激励，由此形成横向同级政府间的竞争，从而激发纵向的动员力和地方政府的执行力，以避免中央"鞭长莫及"和政令衰减的格局。① 所以，"行政发包制"与中央财政专项转移支付制度的结合，借助市场竞争和产权激励约束的效率理论，形成项目制。这既是一种中央财政的分配方式，以弥合地方政府经济资源的缺失，为中央政治动员力和政策执行力提供有力的财政支持和保障，又是"集中力量办大事"国家治理体制的重要组成部分，为"集中力量办大事"的政治动员模式注入新的动力。

由此可见，项目制不是超出科层制之外的项目运作过程或者项目管理的具体制度，而是一种能够将国家、社会与市场统合起来的治理模式。② 所以，如果把项目制放在"集中力量办大事"国家治理体制视角中进行综合功能评价，那么与项目制的外溢性正功能比较，诸如较高的政治认同、贯彻中央政策意图的能力、中央财政分配平衡力、政治动员力、地方政府分权和活力、科层制的

---

① 周黎安. 行政发包制 [J]. 社会，2014 (6)：1－38.

② 渠敬东. 项目制：一种新的国家治理体制 [J]. 中国社会科学，2012 (5)：113－130，207.

内聚力等，其效率耗散就会显得微不足道，或者说政治功能总是排在首位的。所以，作为国家治理体制的重要组成部分，项目制在一定历史时期不会因为其效率的耗散性而终结，总是会伴随着"集中力量办大事"的国家治理体制的变化而变化。

二、制度理性、技术理性与"精英俘获"困境

制度是由社会约定的规则，是对社会以及人与人之间关系的一些制约。制度构建着人们在政治与社会及其经济层面上所产生的权力交换结构，制度变迁一般决定着社会演进的方向，也是洞察历史变迁的关键。[①] 制度理性是指制度安排和改进的适应性、稳定性和连续性，以及由制度结构所产生的目标效用。一个良好的制度应该为各行为主体所共容，促进组织和社会的和谐。特别是在科层制中，制度理性能够建构权力主体行为的非人格化，消解非正式制度和关系理性对科层制的腐蚀。所以，项目制是制度理性建构的一种方式[②]，试图通过技术理性治理来实现制度理性的非人格化理性科层制，同时又遵从这种等级"差序"的关系理性。[③] 项目制的技术理性是在制度理性的基础上孕育出来的，其特质就是在科层制中"嵌入"一个竞争性资源配置和产权激励约束的市场体系，以技术化、程序化、精细化、非人格化和可考核化的目标管理，运作财政专项转移支付资金，突破科层制"条块"分割和僵化低效的运作模式，从而实现技术治国目标。[④] 但是，项目制并不是科层体系和市场体系的平行"外挂"结构，而是以科层制为载体的市场竞争机制和产权激励约束的"嵌入"结构。这种"嵌入"结构是一种融合和相互浸润的结构，即上文提出的"科层制—市场化黏性结构"。在此结构中，科层组织与市场边界并不清晰，而且

---

① 诺斯. 制度、制度变迁与经济绩效 [M]. 刘守英，译. 上海：生活·读书·新知三联书店，1994：3-7.

② 李琳，刘俊英. 项目制贫困治理失灵及其路径重构：制度理性与技术理性的双重分析 [J]. 观察与思考，2019（8）：77-83.

③ 殷浩栋，汪三贵，郭子豪. 精准扶贫与基层治理理性：对于 A 省 D 县扶贫项目库建设的解构 [J]. 社会学研究，2017（6）：70-93.

④ 折晓叶，陈婴婴. 项目制的分级运作机制和治理逻辑：对"项目进村"案例的社会学分析 [J]. 中国社会科学，2011（4）：126-148，223.

委托—代理制下的剩余控制权、权力文化网络与制度限度等结构要素产生共振与叠加，由此打破了非人格化、程序化、制度化和技术理性的治理设想，不仅产生了弱化市场竞争机制和产权激励约束，导致项目制的效率耗散的现象，而且产生了"精英俘获"的目标漂移。从本质看，项目制的"精英俘获"同样是项目制效率耗散的外溢性表现，指有些地方"精英"凭借自身参与经济发展项目的机会与优势，支配和"绑架"发展项目的目标，从而影响项目实施的过程和效果。① 也就说，在项目制的运作中，以权力文化网络为基础的多元性质"精英"拥有包括信息在内的资源优势，有时会在项目配置中"垄断"项目资源，形成"强者通吃"的结果。这一问题在现行项目制的运作中仍然存在。由此可见，一种正式制度安排与其实际表现总是有差异的②，制度变迁的"路径依赖"不易逾越。所以，在中国复杂的社会关系和权力结构中，特别是项目制"科层制—市场化黏性结构"试图实现理性化的技术治国和国家治理现代化，还有一些障碍要解决。

三、对项目制市场化运作的效率耗散研究的进一步检视与展望

　　任何理论研究的实际成效都受制于一定条件下的信息丰度、认识能力与分析逻辑。尽管本书主要基于国家、社会与市场视角和一定的实证基础，建立了项目制市场化效率耗散的分析逻辑，尤其是项目制"科层制—市场化黏性结构"分析框架，对项目制市场化运作的效率耗散做了较为系统的结构—功能分析，但是，由于项目制涉及国家权力及其政治结构、社会文化网络、利益、制度、市场等系列要素，由此所构成的场域十分复杂，所以要从这一复杂的场域中提炼出科学和有解释力的理论判断，显然是十分困难的。虽然本书在这一复杂的场域中提炼出"科层制—市场化黏性结构"基本分析框架，并对其构成要素——剩余控制权、权力文化网络和制度限度做了系统分析，但只是试图

　　① DASGUPTA A, BEARD V A. Community driven development, collective action and elite capture in Indonesia [J]. Development and change, 2007, 38 (2): 229-249.
　　② 王汉生, 刘世定, 孙立平. 作为制度运作和制度变迁方式的变通 [J]. 中国社会科学季刊, 1997 (冬季号): 46.

对项目制市场化效率耗散开拓一个新的分析思路，其研究的困难显而易见。因为，一方面，"科层制—市场化黏性结构"的构成要素除剩余控制权、权力文化网络和制度限度以外，还有利益、主体动态行为、市场要素等，这些要素有时在一定的环境和特定的条件下同样产生重要的影响作用；另一方面，"科层制—市场化黏性结构"不仅表现在县乡级范围，而且表现在省—市—县更大的范围，比如一个上亿元的水利项目可能会涉及更高层次和村级的最低层次。与此同时，由于有些项目制涉及各主体利益，我们在调研中很难深入背后的运作规则，所以本书所获取的信息丰度就有可能不够。这就可能导致研究上的一些判断发生漂移、不够准确，结构分析不够细致等，从而呈现出研究上的一些不足。但是，这并不意味着项目制研究就此止步。这些年来，在学界对项目制研究的理论对话中，研究的核心不应该再局限于项目制的一般性运作结构或者一些项目类型的案例解剖上，而更应该拓展到国家治理结构与功能效应上，尤其是国家治理结构视角"集中力量办大事"的体制优势和项目制市场化效率耗散性与非耗散性的关联上，以及由此衍生出的项目制与政治动员、项目制与基层政权的稳定、项目制与政策效能等方面，所以项目制仍然具有很大的理论研究空间和现实意义。

参考文献

一、著作

[1] 奥斯本，盖布勒. 改革政府：企业精神如何改革着公营部门 [M]. 上海市政协编译组，东方编译所，编译. 上海：上海译文出版社，1996.

[2] 奥斯特罗姆，施罗德，温. 制度激励与可持续发展 [M]. 陈幽泓，谢明，任睿，译. 上海：上海三联书店，2000.

[3] 彼得斯. 政治科学中的制度理论：新制度主义：第 3 版 [M]. 王向民，段红伟，译. 上海：上海人民出版社，2016.

[4] 布坎南. 自由、市场和国家 [M]. 吴良健，桑伍，曾获，译. 北京：北京经济学院出版社，1988.

[5] 布劳. 社会生活中的交换与权力 [M]. 孙非，张黎勤，译. 北京：华夏出版社，1988.

[6] 曹锦清. 黄河边的中国 [M]. 上海：上海文艺出版社，2013.

[7] 曹锦清. 如何研究中国 [M]. 上海：上海人民出版社，2010.

[8] 陈柏峰. 乡村江湖：两湖平原"混混"研究 [M]. 北京：中国政法大学出版社，2011.

[9] 迪克西特. 经济政策的制定：交易成本政治学的视角 [M]. 刘元春，译. 北京：中国人民大学出版社，2004.

[10] 丁煌. 西方行政学说史 [M]. 武汉：武汉大学出版社，2006.

[11] 杜赞奇. 文化、权力与国家：1900—1942 年的华北农村 [M]. 王福明，译. 南京：江苏人民出版社，2003.

[12] 费孝通. 江村经济：中国农民的生活 [M]. 北京：商务印书馆，2001.

[13] 费孝通. 乡土中国 [M]. 北京：北京大学出版社，1998.

[14] 风笑天. 社会研究方法 [M]. 北京：高等教育出版社，2006.

[15] 戈夫曼. 日常生活中的自我呈现 [M]. 冯钢，译. 北京：北京大学出版社，2008.

[16] 格尔茨. 文化的解释 [M]. 纳日碧力戈，等译. 上海：上海人民出版社，1999.

[17] 古德诺. 政治与行政：政府之研究 [M]. 丰俊功，译. 北京：北京大学出版社，2012.

[18] 哈贝马斯. 交往与社会进化 [M]. 张博树，译. 重庆：重庆出版社，1989.

[19] 黄宗智. 华北的小农经济与社会变迁 [M]. 北京：中华书局，1986.

[20] 吉登斯. 社会的构成：结构化理论大纲 [M]. 李康，李猛，译. 北京：生活·读书·新知三联书店，1998.

[21] 科尔曼. 社会理论的基础 [M]. 邓方，译. 北京：社会科学文献出版社，1992.

[22] 拉丰，梯若尔. 政府采购与规制中的激励理论 [M]. 石磊，王永钦，译. 上海：上海人民出版社，2004.

[23] 莱恩. 新公共管理 [M]. 赵成根，译. 北京：中国青年出版社，2004.

[24] 林登. 无缝隙政府：公共部门再造指南 [M]. 汪大海，吴群芳，等译. 北京：中国人民大学出版社，2002.

[25] 林毅夫. 再论制度、技术与中国农业发展 [M]. 北京：北京大学出版社，2000.

[26] 卢克斯. 权力：一种激进的观点 [M]. 彭斌，译. 2版. 南京：江苏人民出版社，2012.

[27] 罗尔斯. 万民法 [M]. 陈肖生，译. 长春：吉林出版集团有限责任公司，2013.

[28] 曼. 社会权力的来源 [M]. 刘北成，李少军，译. 上海：上海人民出版社，2007.

[29] 米尔斯. 权力精英 [M]. 王崑，许荣，译. 南京：南京大学出版社，2004.

[30] 米尔斯. 社会学的想象力 [M]. 李康，译. 北京：北京师范大学出版社，2017.

[31] 米格代尔. 强社会与弱国家 [M]. 张长东，朱海雷，隋春波，等译. 南京：江苏人民出版社，2012.

[32] 缪勒. 公共选择理论 [M]. 杨春学，等译. 北京：中国社会科学出版社，1999.

[33] 穆勒. 政治经济学原理及其在社会哲学上的若干应用 [M]. 胡企林，朱泱，译. 北京：商务印书馆，1991.

[34] 秦晖. 传统十论：本土社会的制度、文化及其变革 [M]. 上海：复旦大学出版社，2010.

[35] 萨缪尔森，诺德豪斯. 经济学：第19版 [M]. 萧琛，译. 北京：商务印书馆，2014.

[36] 萨瓦斯. 民营化与公私部门的伙伴关系 [M]. 周志忍，等译. 北京：中国人民大学出版社，2002.

[37] 斯科特. 国家的视角：那些试图改善人类状况的项目是如何失败的：修订版 [M]. 王晓毅，译. 北京：社会科学文献出版社，2012.

[38] 宋世明. 美国行政改革研究 [M]. 北京：国家行政学院出版社，1999.

[39] 唐斯. 官僚制内幕 [M]. 郭小聪，等译. 北京：中国人民大学出版社，2006.

[40] 田先红. 治理基层中国：桥镇信访博弈的叙事，1995～2009 [M]. 北京：社会科学文献出版社，2012.

[41] 图洛克. 特权和寻租的经济学 [M]. 王永钦，丁菊红，译. 上海：上海人民出版社，2008.

[42] 汪民安，陈永国，张云鹏. 现代性基本读本 [M]. 郑州：河南大学出版社，2005.

[43] 王绍光，胡鞍钢. 中国国家能力报告 [M]. 长春：辽宁人民出版社，1993.

[44] 威廉姆森. 资本主义经济制度 [M]. 段毅才，王伟，译. 北京：商务印书馆，2002.

[45] 韦伯. 经济与社会 [M]. 林荣远，译. 北京：商务印书馆，1997.

[46] 韦伯. 马克斯·韦伯社会学文集 [M]. 阎克文，译. 北京：人民出版社，2010.

[47] 韦伯. 儒教与道教 [M]. 洪天富，译. 南京：江苏人民出版社，2008.

[48] 吴毅. 小镇喧嚣：一个乡镇政治运作的演绎与阐释 [M]. 北京：生活书店出版有限公司，2018.

[49] 邢成举. 精英俘获：扶贫资源分配的乡村叙事 [M]. 北京：社会科学文献出版社，2017.

[50] 杨美惠. 礼物、关系学与国家：中国人际关系与主体性建构 [M]. 赵旭东，孙珉，译. 南京：江苏人民出版社，2009.

[51] 伊斯顿. 政治生活的系统分析 [M]. 王浦劬，译. 北京：人民出版社，2012.

[52] 张静. 利益组织化单位 [M]. 北京：中国社会科学出版社，2001.

[53] 赵树凯. 农民的政治 [M]. 北京：商务印书馆，2012.

[54] 周飞舟. 以利为利：财政关系与地方政府行为 [M]. 上海：上海三联书店，2012.

二、期刊

[1] 曹龙虎. 迈向"项目中国"：项目制与国家建设 [J]. 南京社会科学，2016（1）：77-84.

[2] 曹正汉. 中国上下分治的治理体制及其稳定机制 [J]. 社会学研究，2011，25（1）：1-40，243.

[3] 陈国权，李院林. 政府自利性：问题与对策 [J]. 浙江大学学报（人文社会科学版），2004（1）：149-155.

[4] 陈家建. 督查机制：科层运动化的实践渠道 [J]. 公共行政评论，2015，8（2）：5-21，179.

［5］陈家建. 项目制与基层政府动员：对社会管理项目化运作的社会学考察［J］. 中国社会科学, 2013（2）：64 - 79, 205.

［6］陈家建, 张琼文, 胡俞. 项目制与政府间权责关系演变：机制及其影响［J］. 社会, 2015, 35（5）：1 - 24.

［7］陈前恒, 吕之望, 李军培. 村庄中的财政专项项目绩效评价：基于中西部地区四个村庄的调查［J］. 农业经济, 2009（10）：61 - 64.

［8］陈水生. 项目制的执行过程与运作逻辑：对文化惠民工程的政策学考察［J］. 公共行政评论, 2014, 7（3）：133 - 156, 179 - 180.

［9］陈硕. 分税制改革、地方财政自主权与公共产品供给［J］. 经济学（季刊）, 2010, 9（4）：1427 - 1446.

［10］狄金华. 项目制中的配套机制及其实践逻辑［J］. 开放时代, 2016（5）：113 - 129.

［11］狄金华. 政策性负担、信息督查与逆向软预算约束：对项目运作中地方政府组织行为的一个解释［J］. 社会学研究, 2015, 30（6）：49 - 72, 243.

［12］丁煌, 定明捷. 国外政策执行理论前沿评述［J］. 公共行政评论, 2010, 3（1）：119 - 148, 205 - 206.

［13］杜春林, 张新文. 从制度安排到实际运行：项目制的生存逻辑与两难处境［J］. 南京农业大学学报（社会科学版）, 2015, 15（1）：82 - 88, 126.

［14］杜春林, 张新文. 项目制背景下乡村公共产品的供给嵌入与需求内生：不完全契约理论的分析视角［J］. 广西民族大学学报（哲学社会科学版）, 2015, 37（1）：157 - 162.

［15］冯猛. 后农业税费时代乡镇政府的项目包装行为：以东北特拉河镇为例［J］. 社会, 2009, 29（4）：59 - 78, 225.

［16］冯仕政. 政治市场想象与中国国家治理分析：兼评周黎安的行政发包制理论［J］. 社会, 2014, 34（6）：70 - 84.

［17］冯仕政. 中国国家运动的形成与变异：基于政体的整体性解释［J］. 开放时代, 2011（1）：73 - 97.

［18］付伟, 焦长权. "协调型"政权：项目制运作下的乡镇政府［J］. 社会学研究, 2015, 30（2）：98 - 123, 243 - 244.

［19］耿羽. 灰黑势力与乡村治理内卷化［J］. 中国农业大学学报（社会科学版）, 2011, 28（2）：71 - 77.

［20］龚为纲. 项目制与粮食生产的外部性治理［J］. 开放时代, 2015（2）：103 - 122.

［21］桂华. 项目制与农村公共产品供给体制分析：以农地整治为例［J］. 政治学研究, 2014（4）：50 - 62.

[22] 郭琳琳, 段钢. 项目制: 一种新的公共治理逻辑 [J]. 学海, 2014 (5): 40 – 44.

[23] 贺东航, 孔繁斌. 公共政策执行的中国经验 [J]. 中国社会科学, 2011 (5): 61 – 79, 220 – 221.

[24] 贺雪峰. 论乡村治理内卷化: 以河南省 K 镇调查为例 [J]. 开放时代, 2011 (2): 86 – 101.

[25] 侯军岐, 任燕顺. 基于项目管理的农村基础设施建设与管理研究 [J]. 农业经济问题, 2006 (8): 17 – 19, 79.

[26] 黄宗智, 龚为纲, 高原. "项目制" 的运作机制和效果是 "合理化" 吗? [J]. 开放时代, 2014 (5): 143 – 159.

[27] 霍正刚, 张敏莉. 评标专家参与招投标合谋的博弈分析与防范对策 [J]. 技术经济与管理研究, 2016 (9): 20 – 24.

[28] 姬生翔. "项目制" 研究综述: 基本逻辑、经验推进与理论反思 [J]. 社会主义研究, 2016 (4): 163 – 172.

[29] 江亚洲. "项目进村" 过程中的非均衡利益博弈及其逻辑 [J]. 山东行政学院学报, 2015 (3): 99 – 104.

[30] 景跃进. 中国农村基层治理的逻辑转换: 国家与乡村社会关系的再思考 [J]. 治理研究, 2018, 34 (1): 48 – 57.

[31] 敬义嘉. 政府与社会组织公共服务合作机制研究: 以上海市的实践为例 [J]. 江西社会科学, 2013, 33 (4): 165 – 170.

[32] 李博. 项目制扶贫的运作逻辑与地方性实践: 以精准扶贫视角看 A 县竞争性扶贫项目 [J]. 北京社会科学, 2016 (3): 106 – 112.

[33] 李锋. 农村公共产品项目制供给的 "内卷化" 及其矫正 [J]. 农村经济, 2016 (6): 8 – 12.

[34] 李韬. 论乡村振兴战略实施中村庄结构性分化困境及其化解路径 [J]. 社会主义研究, 2019 (6): 133 – 140.

[35] 李云新, 袁洋. 项目制运行过程中 "示范" 断裂现象及其解释 [J]. 华中科技大学学报 (社会科学版), 2015, 29 (5): 62 – 70.

[36] 李祖佩. 论农村项目化公共产品供给的组织困境及其逻辑: 基于某新农村建设示范村经验的实证分析 [J]. 南京农业大学学报 (社会科学版), 2012, 12 (3): 8 – 16.

[37] 李祖佩. 乡村治理领域中的 "内卷化" 问题省思 [J]. 中国农村观察, 2017 (6): 116 – 129.

[38] 李祖佩. 项目制的基层解构及其研究拓展: 基于某县涉农项目运作的实证分析 [J]. 开放时代, 2015 (2): 123 – 142.

［39］李祖佩. 项目制基层实践困境及其解释：国家自主性的视角 ［J］. 政治学研究，2015（5）：111 – 122.

［40］李祖佩，曹晋. 精英俘获与基层治理：基于我国中部某村的实证考察 ［J］. 探索，2012（5）：187 – 192.

［41］李祖佩，钟涨宝. 分级处理与资源依赖：项目制基层实践中矛盾调处与秩序维持 ［J］. 中国农村观察，2015（2）：81 – 93，97.

［42］练宏. 注意力分配：基于跨学科视角的理论述评 ［J］. 社会学研究，2015，30（4）：215 – 241，246.

［43］林毅夫. 加强农村基础设施建设，启动农村市场 ［J］. 农业经济问题，2000（7）：2 – 3.

［44］刘建平，刘文高. 农村公共产品的项目式供给：基于社会资本的视角 ［J］. 中国行政管理，2007（1）：52 – 55.

［45］刘圣中，曾明，谭笑宇. "钓鱼" 与 "反钓鱼"：配套性转移支付过程中的博弈 ［J］. 新视野，2013（1）：43 – 48.

［46］刘晓洲，窦笑晨. 凭单制政府购买公共服务：一般机制与中国实践 ［J］. 天津行政学院学报，2019，21（2）：11 – 18.

［47］卢福营. "协同服务"：农村基层社会管理的创新模式：浙江省舟山市岱西镇调查 ［J］. 学习与探索，2012（1）：64 – 68.

［48］吕方. 治理情境分析：风险约束下的地方政府行为：基于武陵市扶贫办 "申诉" 个案的研究 ［J］. 社会学研究，2013，28（2）：98 – 124，244.

［49］马良灿. 项目制背景下农村扶贫工作及其限度 ［J］. 社会科学战线，2013（4）：211 – 217.

［50］毛寿龙，陈建国. 经济合作与发展组织国家公共服务民营化研究：上 ［J］. 兰州大学学报（社会科学版），2009，37（5）：1 – 12.

［51］钱海刚. 财政分权、预算软约束与地方政府恶性竞争 ［J］. 财政研究，2009（3）：17 – 19.

［52］秦晖. "大共同体本位" 与传统中国社会：上 ［J］. 社会学研究，1998（5）：14 – 23.

［53］渠敬东. 项目制：一种新的国家治理体制 ［J］. 中国社会科学，2012（5）：113 – 130，207.

［54］渠敬东，周飞舟，应星. 从总体支配到技术治理：基于中国30年改革经验的社会学分析 ［J］. 中国社会科学，2009（6）：104 – 127，207.

［55］史普原. 科层为体、项目为用：一个中央项目运作的组织探讨 ［J］. 社会，2015，35

（5）：25 - 59.

[56] 史普原. 政府组织间的权责配置：兼论"项目制" [J]. 社会学研究, 2016, 31 （2）：123 - 148, 243 - 244.

[57] 孙良顺, 王理平. 项目制下各利益主体博弈及其解释：以水库移民后期扶持项目为分析对象 [J]. 河海大学学报（哲学社会科学版）, 2015, 17 （6）：55 - 59, 99.

[58] 唐皇凤. 常态社会与运动式治理：中国社会治安治理中的"严打"政策研究 [J]. 开放时代, 2007 （3）：115 - 129.

[59] 王富伟. 个案研究的意义和限度：基于知识的增长 [J]. 社会学研究, 2012, 27 （5）：161 - 183, 244 - 245.

[60] 王海娟. 项目制与农村公共产品供给"最后一公里"难题 [J]. 华中农业大学学报（社会科学版）, 2015 （4）：62 - 67.

[61] 王敬尧. 县级治理能力的制度基础：一个分析框架的尝试 [J]. 政治学研究, 2009 （3）：36 - 46.

[62] 王绍光. 国家治理与基础性国家能力 [J]. 华中科技大学学报（社会科学版）, 2014, 28 （3）：8 - 10.

[63] 温丙存. 特派式、专门性、全程化的项目监督：项目制基层监督的地方创新及其实践逻辑 [J]. 中国行政管理, 2017 （6）：18 - 23.

[64] 吴春梅, 石绍成. 民主与效率：冲突抑或协调：基于湘西乾村村庄治理实践的实证分析 [J]. 中国农村观察, 2011 （3）：13 - 23.

[65] 吴建南, 马亮. 政府绩效与官员晋升研究综述 [J]. 公共行政评论, 2009, 2 （2）：172 - 196, 206.

[66] 吴理财. 民主化与中国乡村社会转型 [J]. 天津社会科学, 1999 （4）：75 - 79.

[67] 吴理财. 中国农村社会治理 40 年：从"乡政村治"到"村社协同"：湖北的表述 [J]. 华中师范大学学报（人文社会科学版）, 2018, 57 （4）：1 - 11.

[68] 吴理财. 中国农村治理 60 年：国家的视角 [J]. 探索与争鸣, 2009 （10）：13 - 16.

[69] 邢成举, 李小云. 精英俘获与财政扶贫项目目标偏离的研究 [J]. 中国行政管理, 2013 （9）：109 - 113.

[70] 徐勇. 农民理性的扩张："中国奇迹"的创造主体分析：对既有理论的挑战及新的分析进路的提出 [J]. 中国社会科学, 2010 （1）：103 - 118, 223.

[71] 徐勇. 政权下乡：现代国家对乡土社会的整合 [J]. 贵州社会科学, 2007 （11）：4 - 9.

[72] 杨宏星, 赵鼎新. 绩效合法性与中国经济奇迹 [J]. 学海, 2013 （3）：16 - 32.

[73] 姚金伟，马大明，罗猷韬. 项目制、服务型政府与制度复杂性：一个尝试性分析框架 [J]. 人文杂志，2016（4）：29-36.

[74] 叶敏. 农村公共产品的项目化供给及其异化效应 [J]. 新视野，2016（2）：72-77.

[75] 尹利民. 也论项目制的运作与效果：兼与黄宗智等先生商榷 [J]. 开放时代，2015（2）：143-156.

[76] 尹利民，全文婷. 项目进村、集体债务与新时期的农民负担：基于赣北 D 村的个案分析 [J]. 东华理工大学学报（社会科学版），2014，33（1）：53-57.

[77] 应小丽. "项目下乡"发生与发展的政治社会学阐释：一个功能主义的分析路径 [J]. 浙江师范大学学报（社会科学版），2014，39（1）：75-82.

[78] 张良. "项目治国"的成效与限度：以国家公共文化服务体系示范区（项目）为分析对象 [J]. 人文杂志，2013（1）：114-121.

[79] 张晓山. 乡村治理结构的改革 [J]. 科学决策，2006（1）：14-16.

[80] 张振洋. 当代中国项目制的核心机制和逻辑困境：兼论整体性公共政策困境的消解 [J]. 上海交通大学学报（哲学社会科学版），2017，25（1）：32-41.

[81] 赵鼎新. 国家合法性和国家社会关系 [J]. 学术月刊，2016，48（8）：166-178.

[82] 赵晓峰. "行政消解自治"：理解税改前后乡村治理性危机的一个视角 [J]. 长白学刊，2011（1）：73-78.

[83] 赵振铣，向强. 我国政府投资项目招标投标的监督机制设计 [J]. 经济师，2005（2）：13-14.

[84] 折晓叶. 县域政府治理模式的新变化 [J]. 中国社会科学，2014（1）：121-139，207.

[85] 折晓叶，陈婴婴. 项目制的分级运作机制和治理逻辑：对"项目进村"案例的社会学分析 [J]. 中国社会科学，2011（4）：126-148，223.

[86] 郑世林. 中国政府经济治理的项目体制研究 [J]. 中国软科学，2016（2）：23-38.

[87] 周飞舟. 从"汲取型"政权到"悬浮性"政权：税费改革对国家与农民关系之影响 [J]. 社会学研究，2006（3）：1-38，243.

[88] 周飞舟. 财政资金的专项化及其问题：兼论"项目治国" [J]. 社会，2012，32（1）：1-37.

[89] 周雪光. 从"黄宗羲定律"到帝国的逻辑：中国国家治理逻辑的历史线索 [J]. 开放时代，2014（4）：108-132.

[90] 周雪光. 基层政府间的"共谋现象"：一个政府行为的制度逻辑 [J]. 社会学研究，2008（6）：1-21，243.

[91] 周雪光. "逆向软预算约束"：一个政府行为的组织分析 [J]. 中国社会科学，2005 (2)：132-143，207.

[92] 周雪光. 权威体制与有效治理：当代中国国家治理的制度逻辑 [J]. 开放时代，2011 (10)：67-85.

[93] 周雪光. 项目制：一个"控制权"理论视角 [J]. 开放时代，2015 (2)：82-102.

[94] 周雪光，程宇. 通往集体债务之路：政府组织、社会制度与乡村中国的公共产品供给 [J]. 公共行政评论，2012，5 (1)：46-77，180.

[95] 周雪光，练宏. 中国政府的治理模式：一个"控制权"理论 [J]. 社会学研究，2012，27 (5)：69-93，243.

[96] 朱光磊. 中国政府治理模式如何与众不同：《当代中国政府"条块关系"研究》评介 [J]. 政治学研究，2009 (3)：127-128.

[97] 朱江华. 为基层监督"撑起腰杆"：贵州省毕节市设立乡镇民生项目监督特派组的实践与探索 [J]. 中国监察，2013 (15)：36-37.

三、学位论文

[1] 李博. 保护和发展的双重规制：县一级林业治理的转型与变革：以阳县为例 [D]. 北京：中国农业大学，2018.

[2] 任志新. 公共产品供给项目制下的村庄自主性研究 [D]. 武汉：华中师范大学，2018.

[3] 王敬尧. 财政与庶政：县级政府治理能力研究 [D]. 武汉：华中师范大学，2008.

[4] 魏来. 非对称产权：农地制度变迁中的农户、集体与国家 [D]. 武汉：华中师范大学，2019.

[5] 邢成举. 乡村扶贫资源分配中的精英俘获：制度、权力与社会结构的视角 [D]. 北京：中国农业大学，2014.

[6] 杨亮承. 扶贫治理的实践逻辑：场域视角下扶贫资源的传递与分配 [D]. 北京：中国农业大学，2016.

[7] 张现洪. 项目治乡：乡镇治理中的项目制运作：以豫东蔡集乡为个案 [D]. 武汉：华中师范大学，2016.

[8] 张振洋. 城市基层公共服务供给中的项目制研究：以上海市自治项目为例 [D]. 上海：上海交通大学，2017.

四、外文著作和期刊

[1] ARGYRES G M, PULCINS I R. The roles of standards and innovation [J]. Technological forecasting and social change, 2000, 64 (2): 171 – 181.

[2] BALINT P J, MASHINYA J. The decline of a model community – based conservation project: governance, capacity, and devolution in Mahenye, Zimbabwe [J]. Geoforum, 2006 (37): 805 – 815.

[3] BOADWAY R, SHAH A. Intergovernmental fiscal transfers: principles and practices [M]. Washington DC. : World Bank, 2007.

[4] FERGUSON J. The anti – politics machine: "development", Depoliticization, and bureaucratic power in Lesotho [M]. Cambridge: Cambridge University Press, 1990.

[5] GORDON H S. The economic theory of a common – property resource: the fishery [J]. Journal of political economy, 1954 (62): 124 – 142.

[6] HOOD C. A public management for all seasons? [J]. Public administration, 1991, 49 (1): 4 – 5.

[7] JENSEN M C, MECKLING W H. Theory of the firm: managerial behavior, ageney costs and ownership structure [J]. Journal of finaneial economies, 1976, 3 (4): 305 – 360.

[8] JOSLIN R, MÜLLER R. The relationship between project governance and project success [J]. International journal of project management, 2015 (33): 1377 – 1392.

[9] LLOYD W F. On the checks to population [M] //HARDIN G, BADEN J. Managing the commons. San Francisco: Freeman, 1977: 8 – 15.

[10] MARCH J G, OLSEN J P. The new institutionalism: organizational factors in political life [J]. American political science review, 1984 (78), 738 – 749.

[11] MAUSS M. The gift [M]. New York: W. W. Norton, 1967.

[12] PRESSMAN J L, WILDAVSKY A B. Implementation: how great expectations in Washington are dashed in Okaland [M]. Berkeley: University of California Press, 1973.

[13] RADA R. Standards: the language for success [J]. Communication of the ACM, 1993, 36 (12): 17 – 18.

[14] RAISER M. Subsidising inequality: economic reforms, fiscal transfers and convergence across Chinese provinces [J]. The journal of development studies, 1998, 34 (3): 1 – 26.

[15] TURNER J R. Towards a theory of project management: the nature of the project governance and project management [J]. International journal of project management, 2006b, 24 (2): 93 – 95.

[16] WELCH W P. The political feasibility of full ownership property rights: the cases of pollution and fisheries [J]. Policy sciences, 1983 (16): 165 – 80.

[17] ZHONG Y, CHEN J, SCHEH B J. Mass political culture in Beijing: findings from two public opinion surveys [J]. Asian survey, 1998, 38 (8) 763 – 783:

参考文献